Psychologie Intégrative

L'amour expliqué

TABLE DES MATIERES

Préambule

Au risque de surprendre le lecteur, ce livre n'a pas la prétention d'exposer tout ce qui a été dit d'important sur l'amour, ni de formuler des vérités uniques ou dernières à ce sujet.

C'est un ouvrage de sensibilisation à la psychologie intégrative de l'amour, non un oracle.

Il ne s'adresse pas aux chercheurs de vérités absolues, mais aux passionnés de sciences humaines, à tous ceux voulant découvrir les apports des théories les plus éprouvées, sans pour autant s'illusionner sur ces savoirs.

En effet, dans la perspective assumée ici, la Vérité est hors d'atteinte des sciences, ce qui n'empêche pas de faire un travail pertinent, excluant nombre d'erreurs[1], connaissances partielles ou approximations, se trouvant dans beaucoup d'ouvrages.

En d'autres termes, l'objectif est d'utiliser les modèles les plus éprouvés pour expliquer les faits, parce que ce sont les plus fiables.

Ces précisions sont utiles pour ne pas renforcer les nombreuses confusions entre croyances et vérités, opinions et savoirs scientifiques, réel et modèles, etc... Il est important également de situer cet ouvrage dans un contexte foisonnant, au point qu'il y a de quoi s'égarer parmi une multitude de références.

Pour bien comprendre les choses, il faut notamment savoir que pour de nombreux scientifiques, l'objet des sciences n'est pas la Vérité, d'abord parce que le réel n'est pas

---

[1] Précisons qu'ici, l'erreur n'est pas le contraire de la vérité mais de la rationalité, i.e. de ce qui est scientifiquement corroboré ou établi.

accessible directement, autrement dit parce qu'il y faut le langage. Ensuite parce que les interrogations sur les causes dernières induisent des raisonnements en boucle, des régressions à l'infini obligeant d'admettre que ces causes sont cachées.

Ces questions sont méconnues, tant par les professionnels que par les non-professionnels, alors qu'elles sont fondamentales. L'absence de formation épistémologique conduit à des méprises, parce qu'en croyant proposer plus que des modèles, on dépasse ce qu'il est scientifiquement possible d'affirmer (D. Anzieu).
De ce point de vue, les pouvoirs publics et les organisateurs de formations ont une responsabilité importante, afin de promouvoir des connaissances utiles, sans pour autant induire en erreur.

En d'autres termes, ces connaissances ne devraient pas être réservées à des élites les conservant jalousement, mais être perçues comme des ressources à partager, des vecteurs de création de richesses, le droit de savoir étant essentiel dans ce sens.

Trivialement, une chose est de savoir qu'un spécialiste fait état de ses connaissances, autrement dit de ce par quoi son psychisme est formaté, autre chose est de voir celles-ci comme des vérités uniques ou dernières.
Ceci engendre en effet de nombreux malentendus et explique en grande partie les phénomènes sectaires.

Ainsi, l'esprit de chapelle régnant dans les écoles monodisciplinaires de psychologie (où nous incluons la psychanalyse), résulte souvent du réalisme philosophique de leurs tenants, cette position consistant à croire, que l'objet des sciences et de leur discipline est la vérité, contrairement à celle prévalant ici[2].

Or de nombreux travaux scientifiques montrent la fragilité de cette position, pour ne pas dire son inanité, comme ceux de Quine, Duhesme, Poincaré, Wittgenstein, Einstein, etc...[3]

Précisons également que quelles que soient les sciences, les expérimentalistes admettent généralement qu'on n'explique pas le pourquoi mais seulement le comment des choses, et qu'une hypothèse n'est jamais vérifiée mais corroborée, dans le meilleur des cas.

La réfutabilité d'une théorie, admise comme critère de démarcation des sciences depuis Popper, résume bien aussi cette problématique.

Pour illustrer cela, on dira par exemple que "de la même manière que la théorie de Newton n'est pas la physique mais une théorie de la physique, la génétique n'est pas l'hérédité, mais une théorie de l'hérédité" (J.J. Kupiec).

Nous entrons ainsi directement dans les questions de langage et de formulations constituant la pensée symbolique, les raisonnements et relations au monde réel.

Ces questions sont sources de difficultés dans les sciences, dans la vulgarisation scientifique, et par suite dans l'esprit de nombreuses personnes, confondant les connaissances scientifiques, tantôt avec des vérités absolues, tantôt avec de simples opinions ou croyances.

Les confusions sont d'autant plus fréquentes que même chez les professionnels, rares sont ceux ayant poussé leur quête de connaissances jusqu'à interroger les questions de la

---

[2] L'instrumentalisme dont nous nous prévalons est en effet l'opposé du réalisme, comme le constructivisme est l'opposé du positivisme.

[3] Wittgenstein (1889- 1951) dans son Tractatus logico-philosophicus dit, par exemple : " Le fait que l'univers puisse être décrit par la mécanique newtonienne n'énonce rien quant à l'univers même, mais bien le fait qu'il puisse être décrit de telle façon par cette mécanique, comme cela est en effet le cas."

vérité dans les sciences, des critères de démarcation de celles-ci et des paradigmes épistémologiques, autrement dit de leurs fondements.

Une conséquence de cela, en psychologie, c'est que nous sommes dans une tour de Babel, où de nombreuses théories et pseudo-théories existent sur à peu près tous les sujets - chacune prétendant délivrer la vérité - d'où l'importance de connaître les bonnes références et de prendre de la hauteur, afin de discerner le bon grain de l'ivraie, éviter des fourvoiements.

En effet, beaucoup d'erreurs grossières peuvent être évitées à la lumière des connaissances les plus éprouvées, celles-ci faisant clairement apparaitre que toutes les théories ne se valent pas.

C'est dire que faute d'une information suffisante, l'essentiel est constamment menacé par l'insignifiant (René Char), ceci n'étant pas un moindre problème.

En d'autres termes, si la psychologie est l'affaire de tous, tout le monde s'occupe de psychologie sans toujours savoir que psychologie du sens commun, patapsychologies, et psychologie scientifique ne doivent pas être confondues, en particulier.

Les premières sont constituées d'opinions, croyances, préjugés et connaissances partielles que chacun(e) peut acquérir au fil de ses expériences, tandis que la psychologie scientifique repose sur l'expérience clinique, la recherche, les théories, mais encore une solide formation dans cette discipline universitaire, qui est aussi une profession et un métier.

Le cadre étant différent, comme on l'aura compris, les énoncés sont souvent très différents. Ainsi, ce n'est pas par hasard si Paul Valéry a pu dire : l'objet de la psychologie est de nous donner une idée toute autre des choses que nous connaissons le mieux.

Pour les précédentes raisons, il va s'agir d'expliquer ce qui dans la psychologie scientifique[4], parait essentiel à une compréhension juste de l'amour et plus généralement de la vie affective dont ce sentiment fait partie, ceci tant d'un point de vue intégratif général, que de certains points de vue particuliers.

Avant cela cependant, d'autres points sont à clarifier.

Tout d'abord, il faut préciser que la psychologie clinique embrasse dans un même ensemble, les conduites adaptées et les désordres de la conduite (D. Lagache), ceci parce que de nombreuses personnes ignorent ce qu'est la psychologie clinique, en quoi elle consiste et de quoi elle traite exactement.
Trivialement, en 2014, beaucoup de personnes pensent encore qu'on va voir un psychologue quand on ne va pas bien, le confondant en cela avec un psychothérapeute ou un psychiatre, alors qu'il s'occupe autant de conduites normales que de conduites inadaptées ou encore pathologiques, et peut pour cette raison, porter plusieurs casquettes, dont celle de coach.
Il est d'ailleurs mieux qualifié que de nombreux coachs, pour accompagner des personnes dans des projets, du fait de sa formation universitaire de haut niveau, concernant le fonctionnement psychique ou cognitif, les émotions et les comportements.
En d'autres termes, il dispose des apports des théories les plus éprouvées concernant les comportements, ceux-ci étant

---

[4] Par psychologie scientifique, nous entendons la référence aux théories les plus éprouvées, appartenant à quatre écoles ou courants de pensée, à savoir : psychanalyse, psychologie cognitivo-comportementale, école systémique et ethnopsychiatrie.

dérivés de croyances, schémas mentaux, mécanismes de défense, etc.

En second lieu, chacun(e) devrait savoir que les activités psychiques sont les activités conscientes et inconscientes commandant les comportements.
Elles sont transversales à toutes les activités et se distinguent de l'activité biologique ou mentale, à proprement parler, car le cerveau n'est que leur support, l'appareil producteur des pensées n'étant pas à confondre avec ses produits.
A cet égard, d'éminents scientifiques se sont exprimés de manière parfaitement claire.
Ainsi, pour le professeur Edouard Zarifian notamment, "voir le cerveau penser n'est qu'une métaphore poétique", ceci signifiant bien que la pensée n'est pas de nature biologique, même si elle est produite par un organe.
De même, pour le célèbre psychologue et épistémologue, Jean Piaget, "la conscience n'est pas dans le cerveau parce qu'elle ne peut pas s'y situer".
Pour Freud, "la réalité psychique est une forme d'existence particulière qu'il ne faut pas confondre avec la réalité matérielle", biologique notamment.
Enfin, pour le physiologiste Claude Bernard, "on ne ramènera jamais les manifestations de notre âme aux propriétés brutes des appareils nerveux, pas plus qu'on ne comprendra des mélodies par les seules propriétés du bois ou des cordes du violon nécessaires pour les exprimer".

En d'autres termes, la pensée n'est pas un phénomène physique ou biologique observable, mais plutôt un état énergétique existant au niveau atomique ou subatomique de la matière.
C'est pourquoi la physique quantique qui déchosifie la matière (Bernard d'Espagnat) apportera peut-être un jour un éclairage plus adéquat que ce n'est le cas de la biologie

opérant au niveau moléculaire, pour comprendre ce phénomène.

En tout état de cause et jusqu'à nouvel ordre, il y a bien une rupture épistémologique entre les sciences de la nature et les sciences de l'esprit ou de la pensée.

Bien qu'étant complémentaires, ces sciences ne traitent pas des mêmes choses et ne portent pas sur les mêmes objets. Leurs concepts et leurs notions, leurs langages sont différents.

C'est pourquoi, à l'heure actuelle, vouloir instituer une unité entre la biologie et la psychologie, ou faire croire à cette possibilité, est soit une utopie, soit une tentative de prise de pouvoir ou d'annexion de la seconde par la première, principalement.

La neuropsychologie, en particulier, n'a pas vocation à réduire ces deux champs à un seul, mais seulement à étudier leurs rapports.

En conséquence de ce qui précède, on retiendra que les champs de savoirs sont traversés par des problématiques politiques, beaucoup de professionnels voulant contrôler la plus grande partie, voire la totalité du champ des réalités dont ils traitent.

C'est d'autant plus le cas quand des disciplines se recoupent entre elles, tout en étant distinctes. Quand elles partagent une histoire, des origines et des bases communes, comme dans le cas de la médecine, la psychiatrie, la psychologie et la psychanalyse, qui pourtant ne peuvent être confondues.

C'est une des raisons pour lesquelles il est nécessaire de connaitre les bonnes références, afin de discerner et de faire discerner les choses.

Tout cela est d'autant plus important que dans le domaine de l'amour, aller à l'essentiel est crucial. Il s'agit d'acquérir des connaissances pertinentes et utiles, et non pas de s'égarer dans des considérations inadéquates, secondaires, ou pire, dans des savoirs de pacotille, sources de pertes de temps, confusions, incompréhensions, échecs, etc...

Par conséquent, en troisième point, nous dirons que si la psychologie est une science humaine à laquelle on peut reprocher son manque d'exactitude et d'objectivité, et plus encore, un domaine où les croyances prévalent souvent sur les connaissances authentiques, il n'en demeure pas moins que les théories les plus éprouvées sont souvent les seules apportant des connaissances fiables[5], tirées de l'expérience clinique et de nombreuses études faisant l'objet de larges convergences (L. Bonnafé). Ce sont ces théories qui inspirent le présent ouvrage, dont l'orientation intégrative est explicitée dans une thèse publiée en 2010.

Cette précision est importante car comme le constatent de nombreux psychologues, l'heure est à protéger le public de fausses pratiques génératrices de manipulation, d'aliénation et d'errances mentales[6].
Ces pratiques reposent sur des théories erronées, voire sur des impostures intellectuelles, certains auteurs construisant des théories soi-disant nouvelles, sans préciser leurs sources, ni se soucier de la validité de leurs productions, de toute évidence.
Avec ces produits peu identifiables (A Blanchet), on n'est pas dans une problématique de simples croyances qu'il s'agirait de respecter, mais dans des questions de déontologie non prises en compte, de règles bafouées à des fins de pouvoir et de profit, en l'occurrence.

Tout cela est d'autant plus facile que la psychologie porte sur des objets abstraits (non-observables et non-

---

[5] Cet apparent truisme souligne en fait la difficulté pour le public d'identifier quelles sont ces théories.
[6] Voir notamment le site du SPEL (Syndicat des Psychologues d'Exercice Libéral)

quantifiables), les mêmes concepts pouvant avoir des significations et des formulations différentes. L'étude de la subjectivité et des faits de conscience, laisse ainsi la place à de nombreuses théorisations et variantes, dont beaucoup n'ont aucune assise scientifique authentique, car ne s'inscrivent dans aucune filiation importante.

Pour ces raisons, le caractère erroné de nombreuses pseudo-théories se révèle souvent par comparaison avec les théories éprouvées, celles-ci présentant des oppositions, contradictions, etc.. avec celles-là, d'où l'intérêt de ces connaissances, pour repérer des erreurs ou bien des fourvoiements.

Les pseudo-théories ont notamment en commun d'être toujours optimistes, et de laisser présager un happy end à tous les problèmes.

Tout cela relève d'une imposture et d'une manipulation, dont le seul intérêt de faire vendre, comme c'est le cas des méthodes promettant la réussite ou la satisfaction de besoins essentiels, par les seules vertus personnelles d'un individu. Chacun(e) devrait donc toujours avoir à l'esprit que l'optimisme n'est pas un critère ou un fait scientifique mais une valeur morale.

Or, le but de la science est d'atteindre l'objectivité, en étudiant les faits de la manière la plus neutre et impartiale possible. Il n'est ni de prescrire une attitude morale, ni de prédire une réussite inconditionnelle qui découlerait de cette attitude, en particulier.

En d'autres termes, si positiver est important, ce n'est pas toujours possible, parce que le négatif existe aussi, qu'on le veuille ou non et que cela plaise ou non.

Le positif n'a d'ailleurs de sens que par rapport au négatif. Ainsi, certains faits sont objectivement négatifs, comme la souffrance, la pauvreté, la maladie, la mort, etc..., indépendamment du regard qu'on porte sur eux.

Par conséquent, on peut toujours dédramatiser et apprendre à chanter sous la pluie. Cela ne change rien au fond du problème dont toutes les religions parlent[7] - et que des philosophies millénaires ont symbolisé sous la forme du yin et du yang, par exemple.

Quoi qu'il en soit, dans les conditions venant d'être évoquées, on comprendra mieux pourquoi certaines personnes s'égarent, sous l'effet de phénomènes de propagande, d'influence ou suggestion.
Le risque d'erreur ou d'égarement est d'autant plus réel qu'aujourd'hui, un ouvrage publié ne présente aucune garantie de fiabilité, de ce simple fait.
Au contraire, l'exploitation des passions est devenue un marché doté de puissants moyens de diffusion, tels que supports papier, sites internet, blogs, formations, etc...

C'est ainsi que s'épanouissent de nombreux faussaires et charlatans, faisant leur miel de plagiats et de banalités, quand ce n'est pas de promesses et de certitudes, tout aussi séduisantes qu'intenables.
Le résultat de tout cela est une immense cacophonie, de sorte que vue de l'extérieur, la psychologie ressemble à un bazar où sous diverses appellations, des auteurs écrivent sur tous les sujets et proposent des formations dignes d'une psychologie de bazar, effectivement.

En fait, dans ce contexte où la liberté individuelle se confond souvent avec le laisser-faire n'importe quoi, les promesses et certitudes devraient toujours avoir une valeur d'avertissement.
En effet, chacun(e) devrait savoir que la psychologie est complexe au point que rien ne peut être dit au cas par cas, sans un minimum d'investigations.

------

[7] le bien (ou positif) et le mal (ou négatif) existent et ne sont pas qu'une vue de l'esprit.

Autrement dit, le pôle idiographique de la clinique étant toujours plus important que le pôle nomothétique, toute généralisation ou prédiction s'avère risquée, voire impossible, sans une étude appropriée. On voit bien également ainsi que la science et les approches scientifiques dignes de ce nom, se différencient nettement des charlataneries.

On comprendra mieux aussi pourquoi beaucoup de personnes sont victimes d'erreurs et de tromperies, le risque étant réellement plus grand dans l'emplette des sciences que dans celle des aliments (Protagoras).

Le risque de perdre son temps, son énergie, son argent, voire ses espoirs et sa foi dans autrui et dans la vie, est en effet un risque important, du fait des illusions et confusions engendrées par les pseudo-savoirs évoqués ici.

Précisons enfin que cette situation est une des conséquences (ou effets pervers) du libéralisme économique et des insuffisantes réglementations, faisant que tout un chacun peut dire, écrire ou faire à peu près n'importe quoi, pourvu qu'il (elle) en ait la détermination et les moyens financiers, les pouvoirs publics étant souvent dépassés par les problèmes et incapables de mettre en œuvre les actions nécessaires.

Ceci ne relève ni d'une idéologie anarchiste, ni du populisme en vogue actuellement, mais vise des insuffisances et incomplétudes structurelles, inhérentes à toute forme de gouvernance, et constituant un autre sujet que celui de ce livre.

En tout état de cause, dans ces conditions, c'est à chacun(e) de s'informer de manière lucide, pour pouvoir faire des choix éclairés.

Introduction

En première analyse, on peut dire que chacun(e) est concerné au plus haut point par l'amour.

Freud, en particulier, avait observé que le travail et l'amour sont les deux principaux domaines de la vie. Il est donc essentiel d'être informé(e) au mieux sur l'amour.

Cela explique aussi que d'innombrables choses sont dites et écrites à ce sujet, chacun(e) jugeant souvent ses expériences et connaissances suffisantes, pour en avoir une conception juste ou appropriée, alors même que de nombreux propos sont partiels, partiaux, erronés, irrationnels, etc... suivant les cas, comme la clinique le montre.

En outre, les connaissances scientifiques sur l'amour sont souvent éloignées de celles figurant dans des ouvrages philosophiques, romans, films et autres productions, nourrissant l'imaginaire et les représentations de chacun(e). Tout cela rappelle à nouveau Paul Valéry, disant que l'objet de la psychologie est de nous donner une idée tout autre des choses que nous connaissons le mieux.

C'est dire que l'entreprise de transmettre des connaissances éprouvées dans ce domaine, est délicate et peu aisée, parce qu'elle va à contre-courant de nombreux préjugés, et rencontre souvent de ce fait, des résistances d'autant plus puissantes qu'elles peuvent être inconscientes, et parfois insurmontables.

A noter que ce problème de résistances n'a souvent rien à voir avec les fantasmes supposés de professionnels voulant imposer leurs savoirs, à des patients ou des clients victimes d'abus de pouvoir, comme certains l'affirment parfois, avec la critique facile de ceux ne sachant pas bien de quoi ils parlent.

Une erreur fréquente chez les non-spécialistes est en effet de confondre leur opinion personnelle avec un jugement objectif[8], ceci dénotant selon les cas, un manque de modestie, une méconnaissance, ou encore un préjugé du type : "étant adulte, j'ai forcément les connaissances et l'expérience nécessaires des questions importantes de la vie, pour en avoir une opinion juste et valable". Ces raisons ne sont pas exhaustives.

En tout état de cause, le fait d'être adulte et parent notamment, n'empêche pas de se tromper et d'avoir des croyances fausses, ce que beaucoup devraient admettre et prendre en compte, voire ne pas se cacher à eux-mêmes. La modestie en particulier, fait défaut chez de nombreuses personnes, que ce soit en raison d'egos surdimensionnés, de préjugés tenaces ou de croyances fausses, concernant la place et le rôle des adultes ou des parents dans la famille et dans la société, notamment.

Ainsi, face à des enfants adultes, en particulier, de nombreux parents devraient savoir faire preuve d'humilité, le cas échéant, et accepter que ceux-ci puissent être plus savants qu'eux sur certains sujets tout au moins. Cela paraitra sans doute trivial, mais ça n'en est pas moins une problématique fréquente, engendrant d'innombrables difficultés relationnelles.
En d'autres termes, de nombreux parents devraient renoncer à ce que leurs rejetons soient des dépendances d'eux-mêmes ad vitam aeternam, quittes à ne pas répéter leur propre histoire avec leurs enfants le cas échéant, a fortiori quand

---

[8] L'objectivité scientifique est elle-même constituée par une subjectivité et une intersubjectivité visant à l'élaboration d'une subjectivité de haut rang ou de réflexion - Paul Ricœur, in Histoire et Vérité.

ceux-ci ont quitté le domicile parental depuis longtemps, et s'assument financièrement.

Plus généralement, quel que soit notre âge, on ne peut pas tout savoir. D'où les méprises fréquentes de personnes croyant disposer des connaissances adéquates pour juger des faits et des situations, alors qu'elles sont victimes d'idées reçues ou fausses, acquises dans leur expérience, éducation ou formation, et ne correspondant pas aux connaissances actuelles, quand elles ne sont pas totalement dépassées.

In fine, alors que la modestie, la recherche d'informations et le respect des savoirs reconnus, devraient être de rigueur, on se heurte souvent à des défenses, prenant la forme d'erreurs de jugement et d'interprétations, où l'individualisme narcissique prévaut sur les connaissances les plus fiables.
On constate notamment qu'être conscient de ne pas savoir, et désirer prendre le temps d'apprendre, avec le plaisir de chercher et découvrir ce qu'il en est (Socrate), n'est pas un état d'esprit fréquent, ceci engendrant de nombreuses difficultés et ruptures relationnelles.
Plus encore, des égoïsmes outranciers et des perversions narcissiques, résultant de carences affectives ou éducatives, de conditionnements névrotiques ou pervers, ou encore de traumatismes, etc..., empoisonnent la vie de nombreuses personnes, celles de leurs proches et la vie sociale en général.

C'est d'autant plus souvent le cas que dans les confrontations et les conflits, les composantes affectives jouent un rôle essentiel.
En d'autres termes, l'investissement d'objet est alors aux prises avec le narcissisme, le désir de l'autre avec le désir propre, tout désir étant un désir de pouvoir se référant à la personnalité du sujet.

Dans ces conditions, où investissement d'objet (de l'autre) et de soi (narcissisme) entrent en opposition ou en conflit, les pulsions d'autoconservation (narcissisme) l'emportent souvent au détriment de la rationalité et de l'équité, d'où l'idée qu'au 21e siècle, la culture est souvent loin d'avoir accompli son œuvre de dépassement des instincts, donc de sublimation, à supposer que ceux-ci soient dépassables en permanence.

Aborder le thème de l'amour nous renvoie ainsi sans attendre, à ce qui se joue dans les relations, la jouissance dans ses rapports avec l'ordre et la loi symbolique, étant le tissu de la vie, pour le dire dans ces termes.
En effet, les échanges et les mots traduisent dans l'ordre symbolique, les désirs des interlocuteurs, qu'il s'agisse de liaison, accord ou amour, ou au contraire de déliaison, désaccord ou désamour.

En tout état de cause, de nombreux différends et conflits montrent qu'"il existe infiniment plus d'hommes acceptant la civilisation en hypocrites, que d'hommes réellement et sincèrement civilisés" (Freud).
Pourtant, que cela plaise ou non, et que cela se sache ou non, la morale et l'éthique ne sont pas le lieu de l'arbitraire de certains individus ou groupes dominants.
Autrement dit, pour que l'amour, c'est-à-dire l'union, la solidarité, etc.. ne fassent pas place au désamour, aux conflits, à la haine, etc.. il conviendrait que les valeurs universelles, à savoir le respect d'autrui et des droits de chacun, en particulier, soient toujours respectées.

On entrevoit ici pourquoi l'équilibre psychique n'est pas la chose la plus répandue (Freud), un travail sur soi étant souvent nécessaire du fait des difficultés ou problèmes rencontrés dans les relations avec autrui et avec soi-même, comme ceux venant d'être évoqués, toutes choses mettant en jeu nos ressorts affectifs - amour objectal vs narcissisme - et nos rapports au pouvoir et à la loi, autant que ceux d'autrui.

En d'autres termes, sans une connaissance adéquate de la vie affective, dont font partie l'amour et les sentiments positifs, les comportements ne peuvent pas être appropriés, et les relations saines et équilibrées.
Cette connaissance est en effet indispensable pour acquérir le recul et la maitrise nécessaires, autrement dit la rationalité et l'objectivité requises, toutes choses ayant un sens et une valeur irremplaçables.
Pour autant, le propos n'est pas de dire que les relations peuvent ou doivent être parfaites, et de tomber ainsi dans une vision idéale ou manichéenne, mais seulement d'expliquer dans la mesure du possible, ce qu'il y a à comprendre et vers quoi il faudrait tendre, comme on va encore le voir.

En tout cas, l'importance d'être bien informé sur le thème de l'amour, apparait d'autant plus clairement que ce sujet est bien plus complexe qu'il n'y parait souvent, et qu'on voudrait le croire.
"Vivre, c'est apprendre à aimer" disait l'Abbé Pierre.
Bien qu'énonçant une vérité partielle - vivre c'est apprendre bien d'autres choses également - le sens de cette phrase est profond parce qu'aimer est essentiel effectivement, mais paradoxalement, rien n'est souvent plus difficile que de parvenir à aimer malgré les pseudo-évidences et les aléas de la vie, pour le dire dans ces termes.

Tobie Nathan dit fort justement : un enfant qui n'est pas aimé et ne se sent pas béni par ses parents, ne peut pas vivre. On ne peut guère mieux exprimer le fait que l'amour est à la fois la source, le but et la condition sine qua non de la vie.

Cela dit, fort heureusement, beaucoup savent qu'aimer est un des buts les plus importants, si ce n'est le but essentiel de la vie, de sorte qu'ils(elles) s'appliquent à mettre en actes cette croyance, qui est aussi une exigence morale, avec plus ou moins de succès ou d'échecs car la volonté seule ne suffit pas.

Vouloir aimer et faire en sorte que les conditions soient réunies pour permettre à l'amour de s'exprimer, sont deux choses différentes, en particulier.

C'est d'autant plus vrai que les modalités d'expression ou d'extériorisation des sentiments sont variables elles aussi, suivant les personnes.

En d'autres termes, aimer est une chose, manifester son amour est autre chose, outre que la réciprocité est une condition nécessaire de l'amour, dans les cas normaux tout au moins. Aimer c'est donner et recevoir : partage, générosité, don, accueil,...

Comme on le sait par ailleurs, les religions mettent l'exigence d'amour au premier rang de leurs préceptes, au travers des dogmes de l'amour de Dieu et du prochain, en particulier.

Ainsi, ce n'est pas par hasard si l'injonction d'aimer son prochain est un des principaux commandements religieux. Cette injonction témoigne d'une profonde compréhension du sens spirituel[9], en même temps que du but naturel de la vie.

De même, ce n'est pas par hasard si un nombre incalculable d'écrivains, auteurs et poètes, font de l'Amour l'équivalent d'une religion.

---

[9] Le mot spirituel est à comprendre ici dans le sens laïc du terme, l'esprit n'étant pas uniquement une notion religieuse, et étant synonyme de psychisme.

Tout cela rappelle Lacan disant qu'il n'y a pas de hasard dès lors que les choses entrent dans la signification. En l'occurrence l'importance essentielle et vitale de l'amour est attestée dans toutes les cultures et religions.

En d'autres termes, si ce qu'on doit chercher à savoir, c'est de quelle manière on doit vivre sa vie pour qu'elle soit la meilleure possible (Aristote), il apparait que l'Amour est le souverain Bien de nos existences, même si par ailleurs, il ne suffit pas.

A contrario de ce qui précède, un obstacle au développement personnel et à l'amour, comme on l'a évoqué, ce sont les idées reçues, préjugés et pseudo-théories, se substituant souvent aux informations justes et aux savoirs éprouvés. C'est pourquoi il faut y revenir.

J'appelle pseudo-théories des croyances erronées, résultant de la seule expérience personnelle ou d'interprétations fausses de théories éprouvées, ou encore des patathéories contrefaçonnant des œuvres à des fins commerciales, tout en faisant passer leurs reformulations pour des œuvres originales, voire révolutionnaires.

Aujourd'hui, l'enfer est d'autant plus souvent pavé des meilleures intentions et tapissé de bonne foi, que de nombreuses professions peu qualifiées et non réglementées s'occupent de psychologie, ceci ouvrant la porte à toutes les impostures.

Finalement, en caricaturant à peine, n'importe qui peut dire ou écrire n'importe quoi sur n'importe quel sujet, pourvu que ça ait l'air sérieux.

Actuellement, par exemple, des médiateurs professionnels formés en quelques semaines, se targuent d'être experts en résolution des conflits sans utiliser la psychologie, sur le réseau Twitter. Autrement dit, ils expliquent à qui veut les entendre que la médiation est autonome et n'utilise pas de savoirs scientifiques, et de plus, certains formateurs présents sur le réseau, approuvent ces contre-vérités ou ne les démentent pas, ceci renforçant la confusion.

On voit particulièrement bien dans cet exemple, de quelle manière les savoirs font l'enjeu de manipulations linguistiques et sémantiques, parmi d'autres stratégies, à des fins de pouvoir.

La cause la plus certaine de tout cela, c'est que de nombreux professionnels entendent se soustraire à l'exigence d'une formation solide en psychologie, et ne reconnaissent aucune légitimité aux psychologues vis à vis de cette fonction éminemment psychologique, dont ils se sont emparés comme de piètres voleurs, en caricaturant à peine la situation.

Nous en sommes ainsi à un point où les fonctions et les savoirs se transforment souvent en champs de bataille où des gens peu honnêtes tentent de faire la loi, c'est-à-dire d'imposer leurs désirs à la place de celle-ci, afin de s'emparer des marchés relatifs à certaines activités.

Tout cela est d'autant plus pernicieux que, comme le disait Heidegger, "avec les aveugles on ne peut discuter des couleurs, mais il y a pire que la cécité, c'est l'aveuglement qui croit qu'il voit, et qu'il voit de la seule manière possible...".

Il y a en effet un patent déni de réalité dans les positions de certains médiateurs, s'arc-boutant sur des signifiants pour nier les signifiés auxquels ceux-ci renvoient, en toute méconnaissance de la classification des sciences, comme des disciplines et de leur histoire, en particulier.

De ce point de vue, affirmer que la médiation n'utilise pas la psychologie, est aussi absurde qu'affirmer que la pédagogie, le coaching, etc... ne l'utilisent pas, ou qu'un transistor n'utilise pas d'électricité.

Tout cela est donc bien inquiétant de la part de professionnels se présentant comme des experts en résolution de conflits, sans avoir les compétences et la probité requises pour cette fonction.

Par ailleurs, de nombreuses pseudo et mono-théories sont des idéologies totalitaires, c'est-à-dire des systèmes de pensée structurés à partir d'un seul pôle (Max Pagès), et donc amputés d'importantes dimensions.
Cela a des effets pervers parce que des systèmes partiels sont par nature erronés, et ne peuvent faire apparaitre des solutions ou des réponses valables, par rapport aux problèmes qu'ils prétendent traiter.

Il en est ainsi des théories faisant du moi un centre de décision purement rationnel et autonome, dégagé des contraintes environnementales, des relations où il est impliqué, et de ses conditionnements.
Ces pseudo-théories laissent entendre ou affirment, par exemple, que pour pouvoir il suffit de vouloir, et que les croyances actuelles d'un individu déterminent son devenir et sa vie à elles seules, indépendamment de son histoire et de son contexte.
Ces modes de pensée disjonctive, unidimensionnelle et mutilante (Edgar Morin), induisent de nombreuses méprises dans les esprits et par conséquent d'innombrables dégâts dans la vie des personnes concernées.
En outre, ils sont d'autant plus redoutables qu'ils se trouvent souvent là où on les attendrait le moins, c'est-à-dire dans des discours prétendument savants.

Rappelons donc que le respect des croyances n'élude pas l'exigence de déontologie, donc de pertinence et de rigueur, faisant défaut dans de nombreux travaux, sans qu'on puisse nécessairement en apporter des preuves, au sens juridique du terme.

La recherche de preuves représenterait en effet un énorme travail, tout cela sans que les preuves rapportées soient nécessairement valables en droit, car le cadre juridique présente des vides dans lesquels toutes sortes d'erreurs et de tromperies trouvent à prospérer, notamment les plagiats consistant à reformuler des théories existantes, comme il en existe beaucoup à l'évidence.

Le problème est d'autant plus sérieux que certains professeurs d'université – que nous ne nommerons pas - conseillent la technique de reformulation à leurs étudiants, sans se soucier des implications de cette recommandation, et en ignorant visiblement qu'il s'agit d'incitation à une forme plagiat fort répandue et peu prouvable.

Quoi qu'il en soit, des recherches sur ces questions supposeraient qu'il y ait des commanditaires intéressés par celles-ci, et l'administration est relativement autiste à cet égard.

En outre, les chercheurs travaillent quasiment toujours dans leur pré carré, sans s'intéresser au champ plus large dans lequel ils se trouvent, cette approche restrictive étant peu susceptible de produire des connaissances qui pourtant seraient importantes.

Ainsi, rien ne semble avoir changé depuis la célèbre phrase de Ganguilhem disant que bien des travaux de psychologie mélangent une philosophie sans rigueur, une éthique sans exigence et une médecine sans contrôle... étant rappelé ici que des examens médicaux sont nécessaires dans certains cas, avant tout traitement psychologique[10].

Toutefois, là encore, il ne s'agit pas de dire qu'une connaissance parfaite ou complète est possible, mais

---

[10] Ceci ne veut naturellement pas dire que la médecine connait ou détient les causes dernières de tous les problèmes, comme on l'a vu plus haut.

seulement que des efforts pourraient et devraient être faits pour mieux appréhender la complexité des savoirs et de leurs processus de construction, le but étant d'apporter au public des garanties, que ne présentent pas beaucoup d'ouvrages.

Des réglementations plus strictes seraient nécessaires, notamment, afin de pallier aux débordements et aux dévoiements observés.

En conclusion, c'est avec une conscience aigüe des questions, difficultés et problèmes existant dans le champ de la psychologie et des relations humaines, que nous allons tenter de revisiter ce qu'il est important de savoir au sujet de l'amour, cet ouvrage s'adressant particulièrement aux nombreux jeunes (et moins jeunes) gens se posant des questions, à fort juste titre, et souhaitant bénéficier d'un avis éclairé sur celles-ci.

1. Essai de définition de l'amour

"Le signifiant est la transmutation du désir dans l'ordre de l'échange symbolique" Jacques Lacan

L'amour est un sentiment mais d'abord un mot et ensuite un concept recouvrant, comme tous les concepts, un grand nombre de significations.
Quel rapport en effet entre l'amour spirituel (amour de Dieu, amour du prochain, etc...), l'amour maternel, et l'amour physique (ou charnel), pour ne citer que ces exemples ? C'est ce que nous allons tenter de cerner dans les pages suivantes.

1.1. Point de vue psychogénétique

Pour appréhender les rapports entre les différentes catégories du verbe aimer, nous aborderons les choses dans une perspective psychogénétique, c'est-à-dire historique et développementale, perspective dans laquelle la psychanalyse apporte des clés essentielles.
De ce point de vue, l'amour est un lien affectif, dérivé des besoins primaires d'alimentation et de soins dont la mère du nourrisson (ou son substitut) a la charge, jusqu'à ce que l'enfant devenu adulte, ait acquis la capacité de subvenir par lui-même à ses besoins.

En d'autres termes, ce lien se construit progressivement à partir des fonctions d'étayage liées à l'état de dépendance totale de l'enfant vis à vis de ses parents (ou des représentants de ceux-ci), durant les premières années de sa vie.

Il s'établit notamment à partir de dispositions émotionnelles innées, relatives à la satisfaction, ou au contraire, à l'état d'insatisfaction des besoins.

Bien-être et souffrance, autrement dit plaisir et frustration, sont en effet les deux principaux pôles entre lesquels l'état physiologique et émotionnel d'un être humain, varie dès le plus jeune âge, chacun de ces pôles recouvrant par la suite un champ sémantique beaucoup plus large que celui du nursing.

Rappelons au passage que l'enfance humaine est la plus longue parmi celles de toutes les espèces vivantes. Ce long cheminement allant de la naissance à l'âge adulte, ne s'achève d'ailleurs pas à un âge donné - mais perdure plus ou moins tout au long de la vie, sous des formes diverses et variées, ceci étant méconnu ou ignoré, et par conséquent dommageable pour une bonne compréhension. Nous y reviendrons.

Comme cela vient d'être évoqué, l'amour est fondé sur l'état de dépendance vitale englobant l'être physique et psychique d'un individu, pendant les premières années de sa vie.

C'est dire que le lien en question est crucial. On observe au travers de lui que dès l'origine, tout être humain est amené à aimer ceux dont il dépend pour la satisfaction de ses besoins, durant son enfance et son adolescence, en particulier, car l'absence d'autonomie est caractéristique de ces périodes de la vie.

Pour cette même raison, les liens d'amour originels sont symboliques de toutes les dépendances ultérieures, comme on le verra plus concrètement dans les pages suivantes.

Plus généralement, on observe qu'un être humain est toujours déjà un être social, n'existant pas indépendamment des réseaux (symboliques, subjectifs, affectifs, etc...) constituant son univers social dès sa naissance, et aussi bien avant celle-ci.

Autrement dit, l'intersubjectivité et l'interdépendance sont les conditions d'émergence d'un sujet singulier, le fond sur lequel celui-ci se construit, en même temps qu'il est construit par d'autres.

Chacun de nous est en effet toujours à la fois sujet et objet, dans les contextes sociaux dont il est partie prenante, la famille restreinte étant le premier et le principal de ces contextes, et surtout le plus tangible dès le plus jeune âge.

En conséquence de cela, pour préciser les choses, l'amour ne peut et ne doit pas être confondu avec la satisfaction des besoins à partir de laquelle il s'édifie, autrement dit avec la jouissance liée à cette satisfaction, ceci étant une erreur fréquente.

Cette erreur repose parfois sur une méconnaissance de la psychanalyse, amenant à y voir une réduction de l'amour à la satisfaction sexuelle, notamment.

En effet, beaucoup de personnes ignorent que la sexualité n'est pas circonscrite aux organes génitaux en psychanalyse, et accusent celle-ci de voir du sexe partout, alors que c'est plutôt une projection de l'idéologie dominante, responsable de la sexualisation ambiante dans les rapports sociaux, et de la pornographie notamment.

En effet, l'ubiquité sexuelle est un fait massif de la société de consommation et de l'industrie du sexe en particulier, empruntant indéfiniment les formes et les attributs de la séduction pour déclencher le désir, et non pas un vice de la psychanalyse, comme certains veulent le faire croire.

Plus encore, la confusion de l'être et de l'avoir propre à la société capitaliste, impose des représentations où chacun(e) existe surtout par ce qu'il(elle) possède concrètement, le(a) partenaire étant souvent considéré(e) - consciemment ou non - comme un bien dont on a la jouissance, et dont la valeur s'apprécie essentiellement en termes de qualités physiques comme la beauté, et concrètes comme la situation professionnelle, les revenus, etc...

La dimension psychique du sujet est ainsi souvent reléguée à l'arrière-plan, voire évacuée à tort, ceci engendrant de nombreuses méprises, erreurs et souffrances.

Le marché du sexe et de la pornographie, en particulier, impose des représentations de l'amour réduit à la jouissance sexuelle, ce qui n'est pas un moindre effet pervers de la marchandisation du monde. Paradoxalement en outre, la société capitaliste est pourvue - officiellement tout au moins - d'un système de valeurs et de traditions, condamnant la jouissance sexuelle recherchée pour elle-même.

Pour en revenir à notre propos, la jouissance liée à la satisfaction des besoins n'est que le support du sentiment d'amour amené à se construire, en même temps que s'établit un lien affectif et subjectif entre un enfant et sa mère, puis avec ses deux parents, ceux-ci (ou leurs substituts) étant les premiers objets d'amour et par suite, les modèles primordiaux des attachements ultérieurs.

Précisons que ces modèles sont à prendre dans tous les sens du terme, c'est-à-dire qu'ils peuvent être complets ou partiels, et fonctionner sur le mode de l'identification ou de la contre-identification.

En outre, ils ont pour particularité d'être porteurs de valeurs et d'investissements en rapport avec ces valeurs. C'est pourquoi tout enfant porte en lui un héritage lié à la transmission des valeurs familiales et parentales, dont certaines sont issues de la société et plus généralement de la culture, héritage avec lequel il a à composer, toute sa vie durant.

Cela signifie notamment que la valeur attribuée à l'amour dans le milieu familial, et l'investissement dont il fait l'objet, en particulier, sont des éléments déterminants de ses propres investissements - que ce soit sur le mode de l'identification ou de la contre-identification, comme cela vient d'être évoqué.

Cela explique aussi que vis à vis de l'amour - comme de n'importe quel autre sujet important - nous ne sommes pas identiques ni égaux, que ce soit par nos origines, notre éducation, nos expériences et nos savoirs. Nos conceptions et notre capacité d'aimer, en particulier, sont différentes pour ces raisons, ceci expliquant en partie la difficulté qu'il y a à aimer, ou, ce qui revient au même, à établir une relation harmonieuse avec un(e) partenaire.

Cette capacité d'aimer est plus ou moins importante, et chez les individus pervers, en particulier, elle est plus ou moins inexistante.

Pour ces personnes en effet, chez qui le narcissisme prévaut, l'autre ne peut être qu'un objet sans désir propre, manipulable à souhait pour être aimable, et pour que la relation puisse durer, faute de quoi dès que des désaccords se manifestent, la relation devient rapidement invivable pour les deux partenaires, et surtout pour la victime.

On voit ainsi quelques unes des raisons pour lesquelles l'amour est un sujet complexe et difficile à traiter. C'est d'autant plus vrai qu'au delà des généralités, il existe d'innombrables cas particuliers, tous différents les uns des autres, autrement dit des histoires très diverses. La psychologie nous apprend en effet qu'un sujet a et est d'abord et avant tout une histoire, sa propre histoire, avec ses vécus, expériences, conditionnements, croyances, valeurs etc... Histoire dont dans le meilleur des cas, il doit pouvoir faire le récit, c'est-à-dire donner une version acceptable par lui-même et par autrui.

Quoi qu'il en soit, comme la psychogenèse le montre, c'est la notion de lien affectif et plus encore d'attachement, qui rend le mieux compte de ce qu'est l'amour entre des êtres humains.

L'amour d'un enfant vis à vis de ses parents (ou des adultes prenant soin de lui), et celui qu'il reçoit d'eux, est le premier et principal modèle de cet attachement.

Voyons plus précisément ce que cela signifie.

La relation d'un enfant avec ses parents est essentiellement tributaire de leurs sentiments, attitudes et comportements envers lui, toutes choses dépendant de leurs attentes, espoirs, projections, etc..., mettant en cause leur vie avant, pendant et après la conception, et bien sûr l'enfant lui-même, qui est un tout bio-psycho-social.

En d'autres termes, le contre-transfert parental détermine pour une grande part, le transfert de l'enfant. On dit aussi parfois que la place occupée par l'enfant dans le désir de ses parents, est déterminante pour sa personnalité et pour son devenir.

A cet égard donc, les parents ont une grande responsabilité en tant que géniteurs, et aussi parce qu'ils sont des adultes responsables en principe de leurs actes, tout commençant par les conditions dans lesquelles ils ont procréé leur enfant, puis l'ont mis au monde, sans que ce dernier n'ait rien voulu ni demandé.

Cela dit, qu'on se comprenne bien. Il ne s'agit pas de soutenir que la mère ou les parents sont coupables de tout ce qui ne va pas, comme c'est souvent reproché à tort à la psychanalyse, dans l'autisme en particulier, ou comme certains psychanalystes le laissent penser.

Il est certain notamment que chaque enfant a une personnalité propre[11] dès la naissance, mettant en jeu son histoire pré-natale, notamment. Pour cette raison, il est difficile voire impossible de départager ce qui dans cette histoire, est dû aux parents eux-mêmes, ou à leurs conditions de vie, ou encore à leur environnement familial et social plus large.

---

[11] C'est-à-dire des manières d'être et de réagir très personnelles, même si ce ne sont que des ébauches de la personnalité ultérieure.

Néanmoins, il est évident qu'un enfant n'ayant pas été désiré, par exemple, quelles qu'en soient les raisons, supportera peu ou prou les conséquences de cela durant toute sa vie, en particulier si ses parents ne parviennent pas à l'aimer par la suite, comme cela arrive, ou si un autre enfant est plus aimé que lui par ses parents, de manière ostensible en particulier, comme cela arrive aussi.

En tout état de cause, être responsables pour les parents, c'est avoir à répondre de leurs actes, donc à s'en expliquer le cas échéant, s'ils le veulent bien et s'ils le peuvent, mais non pas forcément à être coupables, que ce soit en fait ou en droit. Ce qu'il s'agirait de bien comprendre.

Dans de nombreux cas en effet, les parents font ce qu'ils peuvent, et rien que ce qu'ils peuvent, tout en croyant bien faire.

Autrement dit, ils ne sont pas coupables - au sens juridique ou moral du terme - de ce qui arrive, ceci parce que personne n'est coupable de ses conditionnements, déterminations, etc... bref, de tout ce qui échappe à sa volonté consciente, et n'est pas répréhensible au sens de la loi, en particulier.

En outre, même si chacun(e) est responsable de son inconscient, comme certains le pensent à juste titre, on ne peut exiger de la part de nombreux individus qu'ils aient un degré de conscience aussi élevé et qu'ils agissent en conséquence, notamment parce que nous sommes égaux en droits, mais pas dans les faits.

Il importe donc de bien différencier responsabilité et culpabilité au sens d'avoir commis une faute, le sentiment de culpabilité étant encore autre chose.

En tout état de cause, il y a dans le concept d'amour, des notions de consistance et de durée, d'investissement et de durabilité, sans lesquelles on ne peut pas parler d'amour au sens propre du terme. C'est important de le souligner.

Par conséquent, comme on l'aura compris, l'amour dont nous parlons ici n'a pas grand chose à voir avec les manifestations ponctuelles ou temporaires d'affection ou d'intérêt, s'exprimant souvent dans la vie sociale.

C'est un sentiment construit et historicisé, fondé sur une capacité innée d'identification et d'attachement, ayant pour objet la mère (ou son représentant), puis les parents et la fratrie, dans l'ordre historique et familial.

C'est dans cette mesure qu'il préfigure les attachements ultérieurs, c'est-à-dire le choix d'objet sexuel et les alliances dans la vie adulte, chacun(e) cherchant généralement à reproduire, retrouver ou recréer dans sa vie, ce à quoi il(elle) est attaché(e) consciemment ou non, ceci en vertu d'un principe de répétition - dit parfois aussi de reprise - révélé par la psychanalyse.

1.2. Point de vue psychosociologique

1.2.a. L'amour dans ses lieux et états

1.2.a.i. Cercles sociaux

Le point de vue génétique venant d'être abordé, explique en grande partie les modalités d'amour - et plus généralement de lien ou d'attachement - existant dans le champ social, la famille (ou son substitut) étant un groupe restreint de celui-ci, en même temps que le groupe originel, où la personnalité de chaque individu se construit.

Cela dit, les autres groupes sociaux sont aussi très importants, car l'enfant, puis l'ado et le jeune adulte, sont amenés à y rencontrer d'autres modèles d'identification.

Que ce soit à l'école, parmi les camarades, les maîtres, etc... puis plus tard dans le monde du travail, parmi les collègues, hiérarchiques, etc... ces différents lieux et groupes en interactions à divers degrés, exercent des influences déterminantes sur les individus.

Les objets d'amour, modèles et valeurs existant dans ces cercles, notamment, ont un puissant impact sur le développement personnel de chacun(e) - cet impact dépassant celui de la famille, vis à vis de nombreuses questions et décisions.

S'agissant des objets d'amour, être pareil à ceux que le moi admire, est le vœu formulé dans le champ de l'identification (P. Aulagnier), ce champ établissant un pont entre narcissisme et amour d'objet.

Précisons que pour des enfants ou des jeunes, les maitres sont les substituts des parents, en tant que représentants de l'autorité. A ce titre, ils sont des modèles ou des contre-modèles), des objets d'amour ou d'inimitié, l'ambivalence étant la règle, tout en étant consciente ou inconsciente, suivant les cas.

Quoi qu'il en soit, on voit ici pourquoi amour (idéalisation) et identification sont corrélatifs, et du même coup pourquoi les relations sentimentales, amicales et amoureuses, exercent une influence déterminante, tout au long du développement.

De fait, l'amour - ou investissement affectif et sentimental - est structurant pour tout être humain. Historiquement, il conditionne pour chacn(e) l'accès au langage et à la culture, donc à la subjectivation et à la vie sociale, sachant que la conscience est la vie de relation.

Tout cela étant, on notera qu'au delà de ses caractéristiques propres, la famille comme tout groupe social, est une courroie de transmission des valeurs et des règles de la société dont elle fait partie, quand tout se passe normalement.

En d'autres termes, tout parent étant aussi un citoyen, il ne peut remplir son rôle correctement, sans connaitre ses droits, devoirs et obligations, compte tenu de lois et de règles constituant la transcription en droit des valeurs dominantes, dans une société donnée.

Tout individu et toute famille dépendent en effet de leur environnement social, c'est-à-dire des modèles de socialisation (institutions, professions, etc) existant dans la société, qui est aussi un Etat de droit dans de nombreux cas. Chaque individu est ainsi relié à l'organisation sociale et dépend de celle-ci, par une chaine d'emboitements successifs allant de l'ensemble du monde environnant à la famille restreinte.

De ce fait, les réponses sociales aux besoins d'identification d'un sujet - modèles d'identité personnelle et professionnelle - complètent et prolongent les réponses parentales, concernant ses besoins physiologiques et psychologiques, le moi de l'individu se construisant entièrement sur le modèle de l'Autre, pour ainsi dire.

En d'autres termes, depuis l'organisation temporelle de sa scolarité jusqu'au choix de filière et de formation professionnelle, en passant par les matières étudiées, notamment, l'élève doit se couler dans un moule et choisir sa voie parmi des possibilités préétablies, celles-ci dépendant d'un système éducatif intégré dans un champ politique, économique et social, à la fois national et international.

Ainsi, il va de soi qu'un enfant scolarisé en France, par exemple, n'a ni les mêmes possibilités, ni les mêmes contraintes, qu'un élève d'un pays du tiers monde, dit en voie de développement, de nombreux enfants n'étant d'ailleurs pas scolarisés. Tout cela alors que la mondialisation bouleverse parfois la donne, les gagnants d'hier se voyant remis en question, et parfois dépassés par les anciens perdants.

Quoi qu'il en soit, on comprend que les expériences et le vécu de chaque enfant, les rencontres et relations s'établissant au fil du temps, s'avèrent déterminantes, comme l'histoire de chacun le montre, sans que le (la) principal(e) concerné(e) ait nécessairement toujours une information et un recul suffisant sur ces faits.
On perçoit notamment ici les interactions entre sphères personnelle, familiale et sociale, le sujet ayant à se situer vis à vis des diverses influences qu'il reçoit, représentant des forces agonistes ou antagonistes, suivant les cas.

Les relations primordiales n'en demeurent pas moins les plus importants modèles (ou contre-modèles), ceci étant du aux liens affectifs et aux conditionnements résultant de la dépendance et de la vie commune, pendant de nombreuses années.
Pour ces raisons, durant tout ce temps, s'opèrent des transmissions de manières d'être et de penser, de croyances et de valeurs, telles que consciemment ou non, l'enfant intègre et reproduit totalement ou partiellement - ou rejette - des schémas de pensée et d'agir, ou encore s'en construit d'autres quand il devient en âge de le faire, mais toujours relativement à ceux transmis.

Les comportements oppositionnels ne changent donc rien à cet état des choses prenant parfois des formes paradoxales. Ainsi, les oppositions ou contre-identifications éventuelles n'empêchent nullement des identifications puissantes d'exister, ni l'attachement résultant de la filiation et de la vie commune.

C'est aussi pourquoi, quel que soit l'âge, les récriminations à l'égard des parents et des proches, ne doivent souvent pas tromper, le cas échéant, sur la réalité et l'importance de cet attachement.

Quoi qu'il en soit, pour ces mêmes raisons, de nombreux adultes - jeunes et moins jeunes - font une analyse de l'héritage familial, celui-ci pouvant être en conflit avec d'autres expériences et valeurs, et engendrer confusions, mal-être ou souffrances, suivant les cas.

C'est pourquoi beaucoup entreprennent un travail dans le but plus ou moins conscient d'accoucher de leur propre personnalité, cette maïeutique amenant à soutenir que devenir adulte, c'est faire le tri dans l'héritage, pour déterminer ce qu'il faut conserver ou au contraire rejeter, entre autres choses.

En tout état de cause, il est clair que la personnalité d'un individu - ses modalités d'être au monde - s'édifie à partir des modèles - parentaux, familiaux, sociaux,... - ayant joué ou jouant un rôle important pour lui.

Néanmoins, pour autant, il ne s'agit pas d'une simple reproduction, mais d'un mode personnel de réaction et d'interaction, et finalement d'appropriation des savoirs, savoirs-être et valeurs transmis par ces modèles.

Quoi qu'il en soit, répétons-le, un modèle peut être total ou partiel, identificatoire ou contre-identificatoire, ce qui ne change rien sur le fond, à la problématique en question.

Avant de continuer, précisons que contrairement à un préjugé répandu, la sexualité en psychanalyse, ne concerne pas uniquement les fantasmes et rapports sexuels, comme le diffuse une certaine vulgarisation.

En effet, dans la psychanalyse freudienne en particulier, la sexualité est comprise au sens large du développement psycho-affectif, dit aussi psycho-sexuel.

C'est pourquoi cette science est la principale référence dans ce domaine, étant entendu que l'amour est une partie essentielle de celui-ci.

En d'autres termes, le développement psycho-affectif (ou psycho-sexuel) étudié par la psychanalyse, est le fondement permettant de comprendre l'amour ou tout autre sentiment, chaque versant - positif et négatif - comprenant toute la gamme sémantique d'affects et d'agirs correspondants. C'est pourquoi il y est amplement fait référence dans cet ouvrage.

En d'autres termes encore, les composantes du fonctionnement psycho-affectif (ou psycho-sexuel), dans leurs dimensions d'origine à la fois personnelle, familiale et sociale, sont l'objet d'étude de la psychanalyse, contrairement à ce que laissent entendre certains préjugés ou idées reçues.

Par conséquent, si la psychanalyse freudienne en particulier, étudie les pulsions et leurs avatars, notamment la pulsion sexuelle ou pulsion de vie (Eros), c'est afin de comprendre le fonctionnement psychique et ses dysfonctionnements, en en fournissant un modèle original par rapport au modèle médical, d'où le terme de métapsychologie utilisé par Freud.

Pour ces raisons, d'ailleurs, il est incongru d'ignorer que la psychanalyse est la première science à avoir formalisé le paradigme du psychisme, et que le cognitivisme, notamment, a sa source dans ce paradigme, même si des reproches peuvent être faits à la psychanalyse, ou à certains psychanalystes.

En d'autres termes, l'existence d'un niveau de réalité autre que biologique ou physique, qu'il soit décliné en termes d'instances, croyances etc..., est l'apport essentiel dont nous sommes redevables à la psychanalyse, cet apport dépassant de très loin ce qui concerne uniquement la sexualité.

En outre, tout cela est vrai, indépendamment du fait que la psychanalyse a eu des précurseurs qui naturellement, n'étaient pas eux-mêmes des psychanalystes.

Finalement, si les pulsions et leurs avatars, déterminent les formes que prend l'amour (union, amitié, solidarité, passion, etc...) dans le champ social, y compris lorsqu'elles se transforment en leur contraire (désamour, déliaison, haine, etc...), l'expression pulsions sexuelles n'est pas à entendre dans le sens érotique ou pornographique que certains veulent y voir. C'est bien l'affectivité, les relations humaines et le fonctionnement psychique dans sa globalité, qu'il est question d'expliquer, et non pas seulement la sexualité en tant que telle.

1.2.a.ii. Amour et amitié

L'amitié est la principale forme d'amour spirituel constituant le lien social. Comme le mot amour, le mot amitié et ses dérivés sont polysémiques. Ils sont utilisés pour qualifier des relations et des sentiments ayant des contenus et des enjeux variés.

Très généralement, ces termes qualifient toute relation, attitude ou état d'esprit positif, d'une personne envers une autre, ou entre deux personnes.

Du point de vue du développement psychosexuel, il s'agit d'un amour sublimé, au sens où les pulsions sexuelles sont détournées de fait, de leur but principal qui est la copulation en vue de la reproduction.

Ainsi, l'amitié est une relation d'amour non sexualisé, psychique ou spirituel, dont les formes dérivent de modalités d'être et de penser, existant dans le milieu social et familial, relativement aux valeurs et aux capacités psychomotrices de chaque individu. La solidarité et la fraternité notamment, font partie de ces valeurs.

Concrètement, tout enfant est amené à s'imprégner des modèles de relations amicales entretenues par ses proches avec d'autres personnes, notamment, c'est-à-dire à s'accommoder de ces relations et à s'en inspirer, les enfants des amis des parents, étant souvent des amis d'enfance, par exemple. Inversement, les parents des petits camarades sont ou deviennent souvent des amis des parents.
C'est ainsi que les fréquentations des parents et des enfants s'entrecroisent, pour ainsi dire.

En tout état de cause, plus les parents sont tournés vers l'extérieur et entretiennent des relations amicales avec d'autres personnes, plus les enfants ont de probabilités d'être eux-mêmes tournés vers les autres, et d'établir des relations positives avec autrui.
Cette tendance majoritaire n'exclut toutefois pas l'existence de faits minoritaires, autrement dit d'exceptions confirmant la règle.

Cela dit, comme l'amour dont elle est une forme particulière, l'amitié met en jeu un rapport spéculaire, dans lequel chaque partenaire représente en partie pour l'autre, ce qu'il n'est ou n'a pas, dans une complémentarité de places et de rôles plus ou moins consciente pour chacun, au delà des affinités et des points communs constituant la base de la relation.

C'est un fait qu'en amitié - comme en amour - il ne s'agit souvent pas tant d'être identiques, sur un mode gémellaire, que de savoir faire jouer les différences, de telle manière que chacun s'enrichit de celles de l'autre, ceci étant la meilleure approche de la relation, et du (ou de la) partenaire.

En d'autres termes, relationnellement, avoir des points communs est important, mais savoir faire avec les différences, les accepter et les respecter, l'est autant sinon plus dans de nombreuses situations, à condition toutefois que ces différences soient compatibles entre elles, ce qui n'est pas nécessairement le cas, précisons-le.

On entrevoit ici la complexité et les aspects paradoxaux des liens affectifs - amicaux ou amoureux - tout cela expliquant que dans l'idéal, les partenaires doivent avoir un haut niveau d'équilibre psychique et de compréhension, pour établir des relations satisfaisantes et pérennes.

C'est d'autant plus vrai que dans toute relation amicale ou amoureuse, il existe des rapports de force et de pouvoir, indépendamment des sentiments. Ces rapports sont liés au narcissisme, entrant en opposition avec l'amour objectal dans certaines conditions, comme on l'a vu.

C'est pourquoi être conscient de ces rapports et des différents paramètres, afin d'être à la bonne distance et de les gérer au mieux, est une gageure importante et parfois essentielle.

En d'autres termes, chacun est inévitablement amené dans une relation, à exprimer des idées, points de vue, conceptions, etc... différents de ceux du (de la) partenaire, en particulier quand il y a des choix à faire, comportant des enjeux communs.

Le poète Léo Ferré résumait cela en disant : "le drame dans le couple, c'est qu'on est deux, et qu'il n'y a qu'un seul trou dans la roulette", ceci valant autant pour les couples d'amis que pour les couples d'amoureux.

Wilhelm Reich, pour sa part, voyait dans le mariage un obstacle à la liberté des partenaires, au delà de la phase initiale fusionnelle, étant données les contraintes et la dépendance (affective, économique,..) inhérentes au couple.

Tout cela montre que les relations amicales ou conjugales ne se réduisent pas à ce que les images d'Epinal en montrent, et que les méthodes Coué sont superficielles et dérisoires à bien des égards, en regard des réalités plus profondes.

Concrètement, les relations sont en partie constituées de compromis à propos des décisions à prendre, des choses à faire ou à partager, quel que soit le domaine concerné.

C'est d'autant plus vrai, bien évidemment, lorsqu'il y a vie commune.

Dans ce cas, en fait, n'importe quel sujet est potentiellement l'objet de tergiversations pouvant affecter la relation dans un sens ou dans l'autre, de sorte que seuls les couples suffisamment informés et forts pour cette raison, traversent les épreuves de la relation avec succès.

Les partenaires de ces couples sont avisés de telle manière, qu'ils ne confondent pas les idéaux avec les réalités, et savent prendre sur eux en cas de difficultés.

Leurs plus grandes qualités sont la tolérance, la bonne volonté, la résistance face à l'imprévisibilité du réel, et enfin la détermination à aller de l'avant, dans le respect de soi-même et de l'autre.

Autrement dit, loin de se bercer de poncifs naïfs amenant inévitablement des déceptions et des crises, ces personnes sont perspicaces et aguerries face aux difficultés.

Elles tiennent bon dans le conflit (Freud), ensemble et individuellement, ce qui leur permet de profiter pleinement des moments de bonheur ou de répit dont la vie est faite aussi.

En d'autres termes, c'est dans les moments où les désirs et attentes respectives divergent, que chacun doit savoir composer avec ceux de l'autre, ceci supposant des habiletés relevant de la connaissance de soi et d'autrui, du savoir-être et des valeurs transmises par la culture et l'éducation, et enfin des qualités personnelles de chacun(e), de sa sensibilité, toutes choses pouvant être très différentes d'une personne à l'autre.

Plus généralement, quelles qu'en soient les raisons se trouvant dans leur histoire, les êtres humains sont plus ou moins bons, doux, généreux, éduqués, etc..., ou au contraire mauvais, durs, égoïstes, pervers, et ainsi de suite..., même si tout n'est jamais tout blanc ou tout noir, et même si leur dépendance vis-à-vis de circonstances indépendantes d'eux est parfois déterminante.
Autrement dit, les qualités et défauts de chacun sont plus ou moins importants et marqués, le tout constituant une personnalité unique et bien différenciée.

Dans ces conditions, il est clair qu'une relation entre deux personnes a dès le départ plus ou moins de chance de réussir, c'est-à-dire de devenir stable et pérenne, en fonction des compatibilités ou au contraire, des incompatibilités relevant de la personnalité de chacune.
Pour toutes ces raisons, on comprendra qu'en amitié comme en amour, le but n'est pas de rencontrer un être idéal n'existant qu'en imagination, mais de trouver une personne correspondante, au sens d'avoir une personnalité compatible, cette gageure étant moins glorieuse et excitante que celle de nombreux rêves, poèmes et romans, mais bien plus réaliste et viable.
Autrement dit, l'important est qu'il y ait convergence de vues - et non pas identité - sur un maximum de points entre les partenaires, ceci justifiant pleinement l'assertion disant que s'aimer, c'est regarder ensemble dans la même direction.

Pour autant, tout ne devient pas facile à cette seule condition. Au contraire, en le disant avec humour, c'est plutôt à partir de là que les difficultés commencent.

En effet, qu'on veuille ou non et qu'on le sache ou non, nous sommes structurellement déterminés à rechercher des idéaux, alors même que la réalité nous désillusionne sans cesse, ceci expliquant la lutte permanente entre les instances psychiques, pour trouver le juste milieu entre nos attentes intérieures et la réalité extérieure.

Tout cela convoque les propos de Freud, disant que l'être humain n'a rien de mieux à faire que d'essayer de se mettre en accord avec lui-même.
La division intérieure est en effet une des réalités majeures que la psychanalyse a révélées, en quoi elle est inégalée dans ses explications du psychisme, ou en d'autres termes, de la condition humaine.

Plus concrètement, la complexité du psychisme amène à soutenir qu'en amitié comme en amour, il vaut mieux être patient et prendre le temps de se connaitre et de connaitre l'autre, avant d'imaginer qu'un projet est possible. Cette connaissance équivaut à une étude de faisabilité, indispensable dans tout projet.

C'est important à savoir et à se remémorer, même si dans les faits cela peut s'avérer difficile à appliquer, et même si une telle conception du psychisme parait contradictoire avec la division de celui-ci, alors qu'elle en est la synthèse, pour ainsi dire.

1.2.a.iii Soi et l'autre

Comme conséquence de ce qui précède et au risque de paraître ringard(e) ou réactionnaire - le bon sens populaire a parfois entièrement raison - on dira que seule une relation basée sur une connaissance personnelle et réciproque suffisante, peut prémunir de certaines déconvenues et déceptions réservées aux esprits naïfs, c'est-à-dire peu ou pas informés.

Cette connaissance personnelle et réciproque est de l'ordre d'une précaution, et aussi d'une sagesse, permettant de mieux faire face aux réalités, l'adaptation à celles-ci étant toujours meilleure, avec une information appropriée.

En tout état de cause, il vaut mieux notamment se tenir loin des poncifs et mièvreries du genre : "tout le monde il est beau, tout le monde il est gentil", "il suffit de vouloir pour pouvoir", "puisqu'on s'aime, ça va marcher", "à force de l'aimer et de lui prouver mon amour, il(elle) va changer", "en étant gentil(le) j'obtiendrai ce que je veux", etc..

En effet, comme on vient de le voir, le sentiment d'amour (ou d'amitié) n'est pas toute l'expérience, c'est pourquoi il ne suffit pas. Autrement dit, cette condition est nécessaire mais insuffisante, pour rendre une relation pérenne.
C'est si vrai que certaines relations amicales ou amoureuses sont vouées à l'échec, même si elles sont passionnelles. C'est également important à savoir et peut-être surtout à admettre.

Les questions de compréhension et d'harmonie sous-tendant les sentiments positifs (amour et amitié), constituent ainsi paradoxalement des points d'achoppement ou de rupture potentielle, à surveiller pour les gérer au mieux, compte tenu des différences personnelles et de l'imprévisibilité du réel.

Certaines valeurs en particulier peuvent se révéler opposées chez les partenaires, et devenir plus ou moins rapidement des raisons de mésentente ou de conflit, voire de rupture, avec leur cortège d'émotions négatives, souffrances et tracasseries, bouleversant plus ou moins sérieusement l'équilibre psychologique et émotionnel de chacun(e).

Comme on l'a évoqué, l'acceptation et le respect des différences présentent souvent des difficultés, du fait des enjeux narcissiques de la relation et de ses intrications familiales et sociales, c'est-à-dire des influences (feed-backs) émanant de ces milieux.

C'est aussi pourquoi, mieux on se connait - soi-même et la personne avec qui on envisage un projet, moins il y a de risque d'échec.

Précisons que se connaître signifie connaitre ses valeurs et capacités, refus et limites, qualités et défauts, désirs et attentes, ainsi que ceux du (de la) partenaire, afin d'évaluer les chances qu'a ou non la relation.

Cela dit en amour, c'est comme dans la vie, on apprend à aimer en même temps qu'on aime, d'où les difficultés, tout le problème étant de réduire celles-ci au maximum, en transformant le négatif en positif, en particulier, lorsque c'est possible.

En d'autres termes, si on veut être sage, c'est-à-dire rationnel, se laisser aller au bonheur ou à la magie de la rencontre, pour vivre ce qu'il y a à vivre, comme beaucoup le revendiquent, ne doit pas dispenser d'aborder le niveau méta de la relation, afin de mieux maitriser les processus et de se protéger en cas de besoin.

En effet, l'enjeu est de conserver une maîtrise minimale, quoi qu'il arrive, parce que les plus grandes déceptions sont toujours celles qu'on n'a pas prévues, et parce que le monde des humains est complexe et diversifié, contrairement à des apparences souvent simples mais trompeuses.

Tout cela est particulièrement important dans les grandes agglomérations, où les possibilités de relations sont nombreuses, notamment depuis que le recours à des sites de rencontres s'est généralisé.
En effet, toutes sortes de personnes fréquentent ces sites, y compris des individus névrosés, pervers, antisociaux, etc... d'où l'importance d'être bien informé(e) des réalités extérieures aussi bien qu'intérieures.
Comme dans la vie réelle - par opposition au monde virtuel des rencontres sur internet - il ne s'agit pas de faire confiance trop vite ou trop facilement à des inconnus, en particulier, cette évidence étant parfois perdue de vue du fait de frustrations et de besoins affectifs irrépressibles.

Un autre risque est lié au fait que dans une rencontre, la phase de séduction inaugurale ne permet pas aux partenaires de se voir tels qu'ils sont réellement.
Les attentes et besoins affectifs sont souvent si puissants que tout ce qui ne va pas dans leur sens, est écarté ou refoulé, plus ou moins consciemment.
A contrario, plus ou moins consciemment également, chacun met en avant ce qu'il estime être ses atouts pour plaire et séduire.
Du coup, chaque partenaire est capté par une image idéalisée de l'autre, potentiellement ou réellement, cette représentation magnifiée et partielle s'estompant ensuite progressivement, au fil du temps, du vécu commun et de la meilleure connaissance réciproque.

En d'autres termes, du fait de sa division interne, le psychisme est entraîné dans le sens du ça - partie pulsionnelle et infantile – a fortiori si le sujet ignore cette division, et n'a pas de recul par rapport à son fonctionnement psychique.

Le désir monopolise alors le devant de la scène, sans considération pour d'autres réalités qui sont laissées de côté et par là mises en attente.

Dans cette régression puérile et narcissique, l'imaginaire et les fantasmes prennent le dessus, des projections et idéalisations issues de l'histoire personnelle renvoyant aux modèles et aux valeurs investies par chacun des partenaires (surmoi et idéal du moi), dont on a parlé.

Dans ces conditions, les craquées de l'inconscient (retours du refoulé, impulsions, etc..), faisant apparaitre des éléments de réalité, invisibles jusqu'alors, ainsi que la découverte progressive de l'autre, finiront par imposer une vision plus objective de l'objet, ceci entraînant des remaniements dans la relation pouvant aller jusqu'à la rupture du lien en cas de problèmes ou de déception insurmontable.

Les rencontres sont ainsi le lieu où chacun(e) découvre de manière parfois aigue et douloureuse, la réalité des différences individuelles, de la complexité psychique et des paradoxes subjectifs (relations avec soi-même et avec autrui).

C'est pourquoi l'intensité des projections idéalisantes ayant lieu au début d'une relation, ne préjuge pas nécessairement de son évolution.

De nombreux échecs sont bel et bien liés à la découverte de problèmes insoupçonnés au départ. Les qualités mises en avant par les partenaires, pendant la phase de séduction, en particulier, masquent des difficultés ou des défauts apparaissant ensuite et pouvant s'avérer rédhibitoires, au point que la relation est compromise puis détruite.

L'alchimie amoureuse peut donc toujours tourner court, du fait d'éléments venant briser l'idéalisation et les projections, conscientes ou inconscientes, au sens de l'enfance en nous.

C'est le cas par exemple, quand un des partenaires est névrosé, de sorte que plus ou moins rapidement, après la phase de séduction, voire pendant celle-ci, il se met à chercher querelle à l'autre de manière récurrente et injustifiée, tout en voulant dominer.
Dans ces cas où la symétrie remplace la complémentarité relationnelle, les désaccords tournent fréquemment au conflit et à l'escalade dans celui-ci.

C'est aussi le cas lorsque certaines exigences personnelles d'un ou des deux partenaires, ne sont pas satisfaites.
Par exemple, une situation sociale précaire ou insuffisamment opulente, en regard des réquisits d'un des partenaires, peut anéantir le cas échéant, ce qui sans cela aurait été une histoire d'amour.

En tout état de cause, quand les choses tournent mal, c'est toujours celui ou celle demeurant attaché à l'autre malgré les aléas, qui fait les frais des déconvenues dans tous les sens du terme, et se doit supporter tant bien que mal la disgrâce du couple, puis à faire le deuil d'un amour mort-né.

Tout cela explique qu'en clinique, on regrette souvent que l'enseignement de la psychologie ne soit pas intégré dans la scolarité de tous, car cela préviendrait des souffrances et des drames, ou aiderait à leur résolution, sans qu'il y ait besoin de longues psychothérapies, quand les choses sont traitées trop tard.

Les présentes questions visent en effet des aspects fondamentaux du fonctionnement psychique, dont notamment ses propriétés dynamiques, que chacun(e) devrait connaitre pour mieux appréhender, et ainsi avoir plus de recul et de maitrise, dans de nombreuses situations.

En d'autres termes, la connaissance du fonctionnement psychique permet de comprendre sa complexité - ses oppositions et contradictions en particulier - d'en prendre conscience au lieu de les ignorer ou de les nier, sous l'effet de refoulements, dénis, etc...

Cette connaissance dialectique saisissant le réel en embrassant à la fois le positif et le négatif, engendre une prise de conscience et de distance, aboutissant à une plus grande authenticité personnelle, à une plus grande stabilité émotionnelle, et finalement à une meilleure maîtrise.

S'agissant de l'amour, on comprendra notamment qu'il ne suffit pas de connaitre des principes pour pouvoir les appliquer, certaines situations éclipsant les capacités de réflexion et d'action d'un sujet, en particulier quand en l'absence de connaissances adéquates, il suit ses impulsions ou intuitions, faute de pouvoir observer la situation et essayer de comprendre ce qui se passe en lui-même et chez l'autre, avec du recul.

Tout cela rappelle que le moi n'est pas le maître dans sa propre maison (Freud). Or il l'est d'autant moins pouvons-nous dire, qu'il ignore comment il est construit ou de quoi le psychisme est fait.

Plus prosaïquement, les choses sont parfois d'autant plus complexes à gérer, que l'esprit est la dupe du cœur, ou plus précisément des émotions, certaines personnes se retrouvant ainsi dans des difficultés aussi inattendues qu'indésirables, voire inimaginables, d'autant plus encore une fois, qu'elles ne sont pas bien conscientes des réalités et des rapports de forces en cause, dans ce qui leur arrive.

1.2.a.iiii. Pacte de base

De nombreux différends relationnels trouvent un éclairage grâce à la notion de pacte de base.

Ce pacte peut être implicite ou explicite. Il correspond aux règles et valeurs communes de l'alliance existant dans toute relation.

Lorsque ces règles et valeurs sont discordantes, des malentendus et incompréhensions apparaissent, comme autant de symptômes.

Ces difficultés peuvent alors signifier que le pacte doit être clarifié, afin de déterminer si des solutions aux difficultés peuvent être dégagées.

C'est d'autant plus souvent le cas que de nombreuses relations - amicales ou amoureuses - se constituent sans que les partenaires disposent des outils - notions et concepts - permettant de réfléchir aux conditions de leur rencontre et aux réquisits de celle-ci.

Le fait que pour réussir, une relation doit satisfaire certaines conditions ou normes à la fois personnelles et sociales, ne devrait en effet pas être un mystère pour personne depuis longtemps.

Or contrairement à cela, on trouve souvent chez des jeunes et moins jeunes gens, une part de naïveté due à la survivance de tendances infantiles (croyances inadaptées, etc...) et aussi à un manque de connaissances (carences éducatives).

Tout cela nous rappelle régulièrement que l'inconscient, c'est le primitif en nous, et que la connaissance - ou culture - est bien ce qui nous élève au dessus de l'ignorance et de l'obscurantisme des savoirs de pacotille, toutes catégories confondues.

A l'heure actuelle, toute naïveté ou ignorance de cet ordre, est d'autant plus souvent et rudement mise à épreuve, qu'Internet a démultiplié les possibilités de rencontres, sans que pour autant, les utilisateurs soient toujours informés pour bien se servir de cet outil à la fois prodigieux et redoutable, pour cette même raison.

C'est l'occasion de rappeler qu'en amitié comme en amour, le fondement sentimental est analogue indépendamment des spécificités de la relation.
Il s'agit de l'amour spirituel que se portent des personnes, sur la base d'affinités et de points communs, tels qu'une estime et des sentiments s'installent progressivement.

Néanmoins, comme on l'a évoqué, la plupart des personnes s'engagent dans une rencontre en laissant faire les choses, plus souvent qu'elles cherchent à les maitriser, afin de prévenir un échec.
Ainsi, même lorsqu'une personne est consciente des conditions nécessaires de la relation, la volonté de clarifier les réquisits de celle-ci est souvent absente ou rejetée, soit parce qu'elle parait incongrue, soit parce que toute tentative dans ce sens parait difficile ou risquée, voire dangereuse.

Cette entreprise nécessite en effet de l'habileté et du tact, faute de quoi, effectivement, elle peut aboutir au résultat inverse de celui recherché. C'est pourquoi une situation de rencontre est toujours délicate et risquée, d'une manière ou d'une autre.
La croyance que l'amour se suffit à lui-même, en particulier, oblitère souvent la claire vision des enjeux et facteurs permettant à celui-ci de perdurer, au delà de la période de séduction initiale - dite aussi phase fusionnelle - celle-ci pouvant être plus ou moins longue et chargée émotionnellement.

A cet égard, en outre, le mythe de l'amour romantique fait souvent apparaitre une rencontre, comme une occasion de laisser s'exprimer les fantaisies de l'imagination, la rationalité se trouvant délibérément mise à l'écart, comme si elle était incompatible, voire sacrilège.

De nombreux tourtereaux préfèrent ainsi laisser la magie opérer selon leurs propres dires, tout cela en dépit du fait que la rationalité ne manque jamais de revenir par la porte, après avoir été chassée par la fenêtre, comme on s'en rend compte dans de nombreux cas.

Sur ces points, la psychanalyse apporte un puissant éclairage, en accordant une juste place au désir et à l'imaginaire, intervenant dans toute rencontre amoureuse.

En d'autres termes, pour que la magie opère, il faut qu'entrent en scène des fantasmes, l'imaginaire amoureux et sexuel étant fortement investi dès le plus jeune âge, quelles que soient les variations liées à l'éducation et à la personnalité.

Il s'agit notamment de fantasmes concernant le(la) partenaire idéal(e), fantasmes se forgeant au contact des modèles dont nous avons parlé.

Autrement dit, une expérience amoureuse représente toujours peu ou prou la réalisation d'un rêve ou d'une fantaisie issue de l'histoire du sujet, le (la) partenaire étant dépositaire des qualités réelles ou imaginaires projetées sur lui (elle), toutes choses ayant à voir avec les imagos parentaux, les valeurs familiales et les autres modèles jalonnant le parcours de chacun(e).

Ainsi, c'est dans un entrelacement de facteurs personnels, familiaux et sociaux - conscients et inconscients - que se trouvent les motivations façonnant les désirs et attentes du sujet.

En d'autres termes, les modèles et valeurs dominantes de chacun des partenaires, constituent les éléments du pacte de base.

C'est dire l'importance que ces modèles et valeurs soient cohérents et compatibles entre eux, ce qu'il conviendrait souvent de vérifier, car ce n'est pas nécessairement le cas, même lorsque des sentiments sont installés.

Ce point est d'autant plus délicat que le domaine des modèles et valeurs de chacun est parfois un no mans land peu ou pas exploré, un jardin secret peu connu et jalousement gardé.

Beaucoup de personnes résistent en effet, à l'idée de savoir que leur personnalité est déterminée par leur histoire et leur vécu, sans doute parce que cette connaissance met à mal l'idée purement égotiste qu'elles ont de leurs capacités, et détrône leur complexe de supériorité.

Il peut s'agir aussi d'une défense leur évitant de prendre conscience des contradictions qu'elles refoulent ou occultent. Ainsi, l'introspection est souvent rejetée par des personnes refusant d'être confrontées à leurs fragilités, leurs défenses étant proportionnelles à ce contre quoi elles se battent.

En d'autres termes, nombreux sont ceux préférant croire que leurs caractéristiques personnelles sont d'origine biologique, génétique notamment, autrement dit que chacun(e) ne doit qu'à soi-même, c'est-à-dire à son corps physique et ses capacités mentales ou organiques, ses réussites et ses échecs.

Ce système de défense évacuant la dimension psychique, intersubjective et historique de la personnalité, est fréquent chez des personnes satisfaites de leur sort, et refusant de se poser des questions sur les inégalités sociales, en particulier.

Un enjeu est de ne pas souscrire à des critiques inconfortables, remettant en question l'ordre établi et l'idée que beaucoup, dont eux-mêmes, pourraient ne pas occuper une juste place dans la société.

Dans ces conditions où le sujet fait l'autruche, évitant une prise de recul vis à vis de lui-même et d'autrui, la mise au jour du pacte de base se fait souvent en temps réel et à l'avenant, au fur et à mesure que les situations révèlent leurs enjeux et les valeurs respectives de chacun, celles-ci pouvant faire l'objet de discussions tardives.

Ainsi, ce qui n'est pas fait reste à faire, au fur et à mesure que les questions apparaissent, celles-ci pouvant constituer un obstacle rédhibitoire, venant briser l'idylle en cours.

Tout cela renforce l'idée qu'une rencontre basée à la fois sur une connaissance de soi et des expériences communes, échanges et discussions permettant une connaissance réciproque suffisante, n'a pas d'équivalent pour que les partenaires sachent si un pacte viable peut exister eux, cela afin d'éviter des déceptions dues à une méconnaissance.

Dans ce sens, il s'agit non pas de faire une enquête ou un interrogatoire en règle de l'autre, comme on l'objectera, mais surtout de prendre le temps de faire connaissance, autrement dit de respecter et faire respecter cette étape, trop souvent oubliée ou ignorée pour des raisons peu ou pas du tout rationnelles.

Il peut s'agir d'une insuffisante réflexion concernant ce qu'engage une rencontre, et les conséquences potentiellement dangereuses de celle-ci. Il peut s'agir aussi d'une négligence sous-tendue par des motions affectives importantes, ou encore d'une liberté sexuelle, confondue avec une simple envie de rapports sexuels.

Quoi qu'il en soit, de nombreux problèmes résultent du non respect de cette étape, pour des raisons dont il faudrait pouvoir dissuader les partenaires, sauf bien entendu, quand le but commun n'est pas de faire une vraie rencontre, ce qui n'est pas le cas le plus fréquent.

Par conséquent, la plupart du temps, les candidats à une rencontre devraient être convaincus qu'il vaut mieux renoncer à ce projet, si une première étape de découverte et de connaissance réciproque n'est pas envisageable.

En d'autres termes, comme on le va encore le voir, l'expérience clinique emmène souvent loin de la prétendue liberté sexuelle revendiquée par certains pour justifier leur désinvolture.

Cette valeur, à supposer que ça en soit une, doit notamment être partagée par les partenaires, ceci supposant de s'en assurer, ce que ne font pas de nombreux individus de la gent masculine, pratiquant l'abus de pouvoir aussi bien que l'abus sexuel, les deux ne faisant souvent qu'un.

Dès lors, on n'a pas affaire à une croyance respectable en tant que telle, mais à un manque de retenue et d'éducation relevant d'un surmoi faible ou plus exactement d'un fourvoiement moral.

Au risque encore une fois, de passer pour réactionnaire ou sermonneur, on ne dira jamais assez les dégâts potentiels et réels des abus sexuels en tous genres, agis sous couvert de liberté sexuelle.

De nombreuses expériences malheureuses ou regrettables sont en effet dues à ce genre de problème.

C'est pourquoi la clinique ramène de manière récurrente vers les conceptions classiques du déroulement d'une rencontre, parce que la sagesse et la rationalité l'exigent, comme on va encore le voir dans les exemples qui suivent. Beaucoup d'exemples montrent en effet que les valeurs traditionnelles et le bon sens populaire disant qu'il vaut mieux prévenir que guérir notamment, sont bel et bien irremplaçables.

Ces valeurs sont parfaitement congruentes avec la notion de pacte de base, à prendre en compte si on veut éviter des erreurs.

Pour bien comprendre les enjeux, toute rencontre peut être vue comme un engagement dans un processus.

L'engagement psychique et physique dans un processus relationnel prend ipso facto une valeur morale parce que la morale est le fondement des relations (M. Montessori).

Par conséquent, dès le début, chaque partenaire doit faire en sorte que tout se passe bien, même s'il n'est pas question d'engagement civil ou religieux. Ainsi, des précautions et des égards doivent être pris, des concessions faites et des compromis établis autant que de besoin, sur la plupart des sujets.

En d'autres termes, être conscient qu'une relation est un objet précieux, à manier délicatement, est hautement souhaitable. Traiter le(la) partenaire avec respect et bienveillance, l'est tout autant.

Les personnes ne percevant pas cette dimension ou niant son existence, se comportent comme des égoïstes voulant régenter la relation selon leur désir, quitte à l'imposer à l'autre. Elles sont à éviter car leur inconscience - ou mauvaise conscience- a des effets néfastes sur la relation et sur leurs partenaires.

C'est un fait que certaines personnes sont incapables d'avoir une relation amicale ou amoureuse satisfaisante. Que ce soit par manque d'éducation ou par incapacité à intégrer l'éducation qu'elles ont reçue, ces personnes ont des comportements déviants et pervers, à différents degrés.

Tout cela rappelle une fois de plus qu'il existe infiniment plus d'hommes acceptant la civilisation en hypocrites, que d'hommes réellement civilisés (Freud).

C'est le cas notamment des pervers narcissiques qui sont mieux connus depuis quelque temps, donc plus facilement repérables dans la vie réelle.

En d'autres termes encore, l'empathie nécessaire dans une relation, fait souvent défaut de manière flagrante à des personnes préoccupées trop exclusivement par elles-mêmes, de même que l'ouverture d'esprit et la générosité présentes chez les individus normaux.

Ces qualités sont essentielles pour la capacité d'amour dont tout individu devrait être doté, cette capacité déterminant à son tour celle d'établir un pacte relationnel satisfaisant avec autrui.

La générosité, en particulier, est une qualité permettant de faire abstraction de soi, et faisant place au don désintéressé qui est la forme la plus élevée de l'amour.

Ces aspects sont particulièrement importants chez les femmes, recherchant plus souvent une relation stable et sécurisante que leurs congénères masculins, pour diverses raisons liées à leur sexualité, aux représentations sociales du genre féminin, et par suite à leur éducation.

1.2.a.iiiii Processus de rencontre

Comme on l'a évoqué, les débuts d'un couple sont souvent plus émotionnels et fantasmatiques que rationnels. En effet, de nombreux couples se forment à partir d'une illusion régnant pendant la phase de séduction, au tout début de la rencontre.

Durant cette période, chacun des partenaires ne côtoie et n'apprécie pas l'autre tel qu'il (ou elle) est, réellement et entièrement, mais surtout tel qu'il (ou elle) est imaginé(e) et perçu(e) fantasmatiquement.

C'est donc essentiellement une image de l'autre qui est aimée, un autre à la fois partiel et idéalisé, et non pas le personnage plus complet et réel, qui sera découvert progressivement par la suite, au fur et à mesure des expériences et du vécu communs.

C'est une des raisons pour lesquelles une déception plus ou moins importante suit toujours une rencontre amoureuse, à court ou à long terme, déception que le couple doit si possible prévoir, surmonter et dépasser, pour s'inscrire dans la durée.
En d'autres termes, de la même manière que la mère désillusionne le nourrisson sur la possibilité d'être fusionnellement satisfait, le couple désillusionne les partenaires sur cette même possibilité.

Il ne s'agit donc pas de croire, en particulier, que le partenaire va combler tous les manques et insatisfactions personnels, et d'attendre cela de sa part. La capacité de former un couple pérenne, renvoie ainsi plutôt à la maturité et à l'autonomie des partenaires, devant être capables de gérer à la fois leurs besoins respectifs de dépendance, mais aussi d'indépendance, notamment.

On entrevoit ici pourquoi un amour authentique est avant tout spirituel, psychique ou psychologique, peu importe le terme retenu.
C'est une union basée sur un partage d'expériences, valeurs et qualités communes, engendrant un attachement solide et durable, malgré les aléas.

Cet attachement permet de construire une histoire à deux, tout à fait distincte de la passion amoureuse et des rapports physiques, donc de l'amour réduit à cette dimension.

Pour ces raisons, on voit une fois de plus l'importance que chacun(e) soit bien informé de ce qui se joue dans une rencontre, des processus qui y ont lieu, potentiellement ou réellement.
Autrement dit encore, rien ne vaut une connaissance appropriée des réalités, pour se les représenter et ainsi être capable de faire face à tous les scénarios pouvant survenir.

Comme on l'a évoqué, le but est de conserver une maitrise optimale quoi qu'il arrive, car les vécus les plus douloureux et difficiles à surmonter, sont toujours ceux qu'on n'a pas imaginés.
Pour cette même raison, on ne s'inquiétera pas que les connaissances abordées ici soient désillusionnantes par rapport aux rêves infantiles et aux images d'Epinal de l'amour, générant des incompréhensions et autres malentendus, étant autant de causes de souffrances et d'échecs.
Au contraire, on se félicitera de faire œuvre préventive, en éclairant les réalités, même s'il faut du courage pour aborder certains points et renoncer à certaines illusions.
On notera enfin que ce courage est récompensé, car les personnes sont finalement renforcées par le travail effectué.

Le rôle du psychologue et du psychothérapeute revêt en cela une dimension symbolique maternelle. Il désillusionne les personnes de certains préjugés et croyances fausses, de rêves et de fantasmes, recadre les possibilités et impossibilités, mais toujours dans leur intérêt, de manière à la fois bien intentionnée et bienveillante.

Comme on l'a déjà dit, les souffrances provoquées par une déception, qu'elle soit amoureuse ou amicale, sont proportionnelles aux espoirs et attentes déçus.

En d'autres termes, moins les illusions sont grandes, plus les personnes sont ancrées dans des réalités dont elles sont informées, moins il y a de risques de souffrir inutilement, voire d'en arriver à des décompensations pathologiques.

A contrario, d'innombrables difficultés résultent de préjugés découlant de clichés très répandus dans les images publicitaires et dans la presse people notamment, beaucoup de personnes étant imprégnées de cette désinformation à leur détriment, de manière à la fois consciente et inconsciente.

L'exaltation tous azimuts d'idéaux de beauté, de puissance et de richesse, en particulier, attise à longueur de temps les instincts primaires, et renforce les stéréotypes de la société de consommation, sans égard pour des idéaux spirituels et des besoins psychiques plus élevés.

Ainsi, l'exposition permanente via les médias, de personnalités, stars, princes et princesses, fait rêver à des vies extraordinaires, tout en occultant les questions concernant leur légitimité.

Beaucoup de medias people sont pour les adultes, l'équivalent de contes pour enfants, peu susceptibles de faire évoluer les prises de conscience des réalités.

L'exploitation à but lucratif des inégalités sociales trouve dans ces médias réactionnaires, des filons de choix pour cautionner l'ordre établi, c'est-à-dire la médiocrité intellectuelle, in fine.

Tout ceci rappelle Jean Rostand disant que le monde est aux mains des médiocres supérieurs, notamment.

Plus généralement, la philosophie, les romans, les pseudo-psychologies et la psychologie du sens commun, véhiculent des modèles standardisés ou conventionnels de l'amour, éloignés de ce que la clinique révèle, comme faisant partie du vécu d'innombrables personnes.

Il y a ainsi beaucoup de sources d'erreurs, et de renforcement de celles-ci, parmi lesquelles il est difficile de se repérer, ceci exigeant des connaissances pointues, d'où l'égarement et le désarroi de nombreuses personnes.

C'est pour pallier à ces difficultés, dans la mesure du possible, que ce livre est écrit, sans prétendre à l'exhaustivité, mais en tentant de faire une synthèse de l'essentiel.

Pour cette même raison, les connaissances abordées n'ont pas grand chose à voir avec les recettes du bonheur distillées dans de nombreux ouvrages sur l'amour.

L'amour et le bonheur étant liés, les visions réductrices et simplistes sont en effet légion dans ces deux domaines.

Or, le concept du bonheur relève de la philosophie et de la psychologie du sens commun, bien plus que de la science et de l'expérience clinique.

Du point de vue de celles-ci, le bonheur ne peut être vu que comme un état de satisfaction instable et discontinu, à (re)conquérir sans cesse. Autrement dit, la conscience est un flux d'états affectifs dynamiques, et non pas un état permanent ou définitif.

Ainsi, d'un point de vue scientifique, tout se passe plutôt comme dans l'adage disant que le bonheur n'existe pas et qu'il n'y a que des moments de bonheur.

En tout état de cause, le concept de bonheur ne parait pas avoir a sa place en psychologie, si ce n'est pour étudier les significations variables de ce terme, et la diversité des valeurs morales qui le sous-tendent.

1.2.b. Interdépendance

1.2.b.i Besoin d'aimer et d'être aimé

La sexualité renvoie à des comportements archaïques et à l'instinct grégaire en particulier, sachant qu'il n'y a pas de vie humaine possible sans société (groupe), et sans ce qui assure la reproduction de la vie.

Pour ces mêmes raisons, l'individu n'existe pas indépendamment des groupes sociaux dont il fait partie, et de la culture qui le définit, en même temps qu'elle détermine les formes de sa socialité (systèmes de parenté et d'alliances, contrats sociaux, modèles de vie personnelle et sociale, valeurs...).

L'apparition du langage articulé a été décisive car cette capacité a permis à l'homme de construire une culture à partir d'un système de signes représentant les choses, au sujet desquelles des besoins de communication sont apparus[12].

Communication signifie partage d'informations à partir de la mise en mémoire visuelle et verbale de ces informations, qui sont des abstractions ou des symboles.

---

[12] Cette capacité est aussi liée à la capacité de préhension de la main qui a permis de développer la possibilité de réaliser des graphismes fins, entre autres tâches évoluées.

Toutes les activités humaines font l'objet de connaissances et d'informations découlant de ces connaissances depuis que l'homme est homme, pour ainsi dire.

C'est ainsi que se sont édifiées au fil du temps et des générations, les institutions que nous connaissons, les structures visibles de la vie en société étant les produits des conceptions abstraites ou psychiques correspondantes.

De ce point de vue, rien n'existe en pratique qui n'existe pas d'abord psychiquement, ou en théorie.

Dans ces conditions d'interdépendance des humains entre eux, le besoin d'aimer et d'être aimé, repose sur les besoins primaires de vie en société, toutes choses nous mettant devant l'évidence d'aimer - ou d'avoir à aimer - et d'être aimés.

Ainsi, au delà de la sexualité désignant l'union physique et la copulation, mécanisme fondateur de la vie, l'amour symbolise l'union psychique ou spirituelle, tandis que le désamour est l'équivalent d'un désir de disparition, c'est-à-dire de mort symbolique ou réelle, en même temps que la contrepartie naturelle et logique de l'amour.

Dans ce qui précède, on comprend qu'au delà de la nécessité de satisfaire ses instincts et besoins primaires, l'homme a accédé aux représentations et à la raison, c'est-à-dire à un monde où il n'est pas simplement question de ce qui est, mais de ce qui doit être (MT Lamaty).

En d'autres termes, à tous les niveaux, le décalage entre un état donné de la réalité et un but - ou idéal à atteindre - fonde le désir humain en même temps que de la division psychique repérée par Freud.

En d'autres termes, corolairement aux besoins physiologiques et affectifs, la vie engendre des besoins de communication et d'organisation, développant et améliorant la collaboration des humains entre eux, ce qui ne va cependant pas sans aléas.

De tous temps en effet, l'homme a éprouvé le fait que l'union fait la force, que ce soit pour la chasse, la pêche, la construction d'habitations, etc...

Par suite, il apparait que les principaux ingrédients de toute collaboration sont l'union, la confiance, le respect etc... relativement à l'amour spirituel dont nous parlons ici.

Toutes ces valeurs constituent l'essence de la vie et le ciment social, basé sur des besoins matériels et spirituels communs, tels que le partage d'objets, d'activités, d'affects etc.

Dans ces conditions, le besoin d'aimer et d'être aimé apparait autant comme un fait naturel que comme un impératif phylogénétique et psychogénétique, laissant supposer qu'il est inscrit dans les gènes, ceci n'excluant pas l'importance de l'environnement, intervenant au niveau phénotypique, précisons-le.

En outre, la question de savoir ce qui est premier de la protéine ou du gène, étant isomorphe à celle de la poule et de l'œuf, on doit tenir compte des deux bouts de la chaine si l'on veut bien saisir ce qui est en question.

On comprend aussi que l'idée du Bien dans une relation, nait de l'intuition que les choses doivent bien se passer, et du désir qu'il en soit ainsi, les sentiments positifs représentant la forme idéale ou tout au moins appropriée de ce qui vaut, autrement dit de ce qui est satisfaisant pour la conscience et les besoins de chacun(e).

Besoins d'entente et d'harmonie, notamment, traduisent sur le plan de la relation, la recherche personnelle de plaisir et de   bien-être.

Ainsi, les préceptes du type "aime ton prochain comme toi-même", ou "ne fais pas aux autres ce que tu n'aimerais pas qu'on te fasse", illustrent bien cet état des choses, même s'il n'est souvent qu'un idéal.

Tout cela évoque les approches systémiques dans lesquelles toute relation est vue comme un système dont l'homéostasie peut être analysée.
Les notions de boucles de rétroaction et de transaction, en particulier, révèlent le caractère interactionnel de la relation, donc l'interdépendance en question.

Quoi qu'il en soit, force est de constater qu'il n'y a pas de vie sociale possible, sans la capacité d'aimer qui est en question, toujours et partout, celle-ci étant la condition du lien social et le fondement de toute société.
Il est clair notamment que la culture et le psychisme, ont radicalement séparé et distingué l'amour de la copulation, même si certains se complaisent à croire ou à faire croire le contraire.
C'est dire ici que l'injonction biblique "aimez-vous les uns et les autres", n'a pas vocation à rester lettre morte, car l'amour est bien le principal vecteur du lien social.

Comme on l'a évoqué, l'amitié est une forme d'amour spirituel s'extériorisant différemment suivant les personnes et les définitions attribuées à ce terme.
Elle peut aller d'une expression ponctuelle d'affection à une liaison profonde et durable entre deux ou plusieurs personnes, en passant par des formes et des contenus intermédiaires.

Par sa polysémie, le mot amitié englobe l'ensemble des manifestations affectives positives existant dans les relations humaines, celles-ci portant les noms de bonté, amabilité, bienveillance, fraternité, sympathie, etc... suivant ce sur quoi l'accent porte.

1.2.b.iii Ordre social et causalité sociale

Le lien social s'exprimant dans les différentes formes d'amitié, est aujourd'hui mis à mal parce que les idéaux d'une société plus juste et plus humaine, donc plus altruiste et plus aimante, sont constamment battus en brèche par des forces contraires.
En d'autres termes, le corps social remplit mal son rôle d'aide aux plus faibles, aux démunis et aux précaires, bref aux exclus de la fête - donc de l'amour et du bonheur - étant de plus en plus nombreux de nos jours.

Une société incapable de venir en aide convenablement à ceux dans le besoin, est une société malade et malsaine, atteinte d'un virus nommé individualisme, qui dégrade et détruit les liens sociaux, plus souvent qu'is sont renforcés par d'autres facteurs.
En d'autres termes, le tout étant supérieur à la somme des parties, il détermine les conditions de vie de chacun(e), en fonction de valeurs dominantes sur lesquelles chaque individu pris isolément n'a que très peu, voire pas du tout de prise.
La qualité de vie de chacun(e) est ainsi fortement tributaire de l'environnement et des politiques organisant la vie sociale, c'est-à-dire la répartition des droits, des pouvoirs et des richesses, notamment.
De ce point de vue, la coexistence des extrêmes richesses avec la précarité et la pauvreté, n'est rien de moins qu'une injure faite aux droits de l'homme.

Dans ces conditions, comment se sentir bien et aimer son prochain ? Comment accepter que la société ne soit pas meilleure et plus unie, sachant que les divisions sociales ont d'importantes répercussions sur chacun(e) et sur tous ?

Chaque individu est aussi un citoyen directement concerné par les décisions touchant l'organisation sociale collective (droits sociaux, congés, revenus, retraites, etc...), même si beaucoup n'en sont pas toujours parfaitement conscients.

C'est pourquoi, du point de vue des inégalités sociales, la France qui donne des leçons de droits de l'homme à la terre entière, ferait souvent mieux de balayer devant sa porte (précarité, pauvreté, droit au logement, prisons, etc…).

Mais ce n'est pas tout.

A l'intérieur des entreprises, l'un des principaux lieux de la vie sociale, les relations humaines sont fortement impactées par l'état global d'une société où les travailleurs sont souvent interchangeables, du fait de la recherche de profit maximum, du dumping social, du chômage de masse et des politiques de bas salaires en découlant, dans un contexte libéral favorisant les plus nantis, et faisant qu'un nombre toujours plus grand de personnes sont inutiles au système de production.

Dans ces conditions, dédouaner les décisions politiques - globales ou locales - et instituer la responsabilité personnelle comme seule cause du malheur individuel et social, est une pratique courante, notamment.

De même, blâmer les victimes plutôt que reconnaître l'existence de contradictions, ou encore des erreurs de gouvernance, est considéré comme une habileté managériale par beaucoup d'équipes de directions.

Corolairement à tout cela, dans nombre d'entreprises, les salariés souffrent d'un manque de reconnaissance et ont le sentiment d'être instrumentalisés à des fins dont ils ne partagent pas les valeurs, quand ils ne sont pas les boucsémissaires de hiérarchiques frustrés et insatisfaits de leur propre situation.

En d'autres termes, dans un système orienté principalement vers le profit, et promulguant la concurrence et la compétition à tous les niveaux, les valeurs principales sont la performance et l'individualisme, opposés à l'amitié, la solidarité, etc... en un mot, aux valeurs spirituelles dont les humains ont besoin pour vivre et collaborer aux œuvres communes, comme on l'a vu dans les pages précédentes.

La compétitivité des entreprises, couplée à la compétition interne à celles-ci[13] (évaluations, etc...), représente ainsi la grandeur et la bassesse du genre humain, un paradoxe structurel absolu, pour le dire dans ces termes. En effet, les humains n'ont rien su inventer de mieux, à part des régulations résistant difficilement au raz de marée libéral.

Autrement dit encore, le défaut majeur du système est d'avoir pour priorité le pouvoir et la finance au lieu de l'Humain. Beaucoup le répètent sans être entendus par les principaux concernés qui eux, ne cessent d'agir selon leurs seuls intérêts, comme si le règne du chacun pour soi était un idéal ou un pari tenable.

Cette priorité nuit au lien social, via la vision que les humains acquièrent d'eux-mêmes, d'autrui et des buts de la vie, ceux-ci étant essentiellement matériels et financiers[14], au lieu d'avoir des visées spirituelles[15] plus élevées, dans une inversion dramatique des rapports.
Très clairement, en effet, le matérialisme excessif nuit aux buts spirituels et moraux qui devraient toujours primer.

---

[13] Chacun(e) est mis en compétition avec soi-même et/ou avec d'autres.
[14] Le seul credo est de produire et d'être compétitif
[15] Produire et être performant sans perdre de vue l'éthique sociale globale.

Autrement dit, d'un côté, les besoins individuels et sociaux nécessitent la mise en œuvre des forces individuelles, tandis que de l'autre, la répartition des richesses produites par le travail, est outrancièrement inéquitable.

Les valeurs universelles et les droits humains sont bafoués en permanence, notamment.

Tous ces éléments s'ajoutant, les démocraties occidentales sont devenues des oligarchies s'apparentant à la fois un système de castes et à une jungle où les plus faibles sont abandonnés à leur sort, tandis que la grande masse est exploitée par les plus forts, ou plus exactement par les élites économiques et politiques, coalisées dans une domination foncièrement injuste, quand ce n'est pas dans la violation de droits qu'elles définissent pourtant elles-mêmes.

Dans ces conditions, on ne saurait s'étonner que certains individus développent des perversions dans lesquelles l'autre ne peut être que l'objet à manipuler, l'adversaire à combattre, la victime à exploiter, et à l'extrême, l'ennemi à abattre, suivant les cas.

Dans ces pathologies, un individu ne demeure pas pervers, comme le pensait Freud. Il développe un noyau pervers préexistant, sous l'effet d'une hypocrisie qui est aussi une perversion sociale généralisée, comme dans le cas des injustices sociales.

Un grand nombre de comportements individuels asociaux sont ainsi des réponses individuelles perverses, à des conditions sociales elles-mêmes perverses, parce qu'injustes et trompeuses.

L'égalité des chances notamment, est un leurre à quelques exceptions près. La vérité, c'est qu'un nombre grandissant de jeunes n'atteindront jamais le niveau de vie de leurs parents, et que la tendance principale des catégories sociales, est de se reproduire à l'identique.

En d'autres termes, dans une société individualiste et concurrentielle, l'enfer c'est souvent les autres empêchant le moi de réaliser ses désirs et d'obtenir les satisfactions convoitées, alors même qu'il y est incité de toutes parts, que ce soit pour jouir, pour vivre ou seulement pour survivre.

Dans de nombreux cas, en effet, l'accumulation de frustrations et de souffrances - qu'elles soient physiques ou symboliques - conduit à des comportements déviants et à la haine de l'autre comme tendance principale de la personnalité, tendance pouvant être consciente ou inconsciente.

Ces cas extrêmes sont des expressions hypertrophiées de problèmes engendrés par un ordre social déficient en regard des valeurs universelles (ONU).
En lieu et place de ces valeurs, le pathos en question renvoie l'image d'une société produisant des monstres. Ils en sont le miroir et le révélateur, pour ainsi dire.

Tout cela étant, le propos n'est pas de dresser un tableau manichéen mais de pointer la démesure et le pathos existant dans nos sociétés, en évoquant ce dont l'humain est capable, et comment les questions sociales et individuelles s'articulent, alors que tout cela est souvent occulté.

Ainsi, l'irrationalité et la folie existent, quoi qu'on fasse, pense ou dise, tant au niveau social qu'individuel. C'est pourquoi il est important d'aborder ces questions dans un livre sur l'amour, ce sentiment étant à comprendre dans son contexte à la fois général et particulier, collectif et singulier.

En d'autres termes, il est important de savoir que l'amour, quelle que soit l'acception du terme, est une possibilité, mais non la seule, s'offrant aux relations individuelles et collectives.

Tout cela explique aussi que dans le contexte défavorable venant d'être évoqué, on ne saurait s'attendre à des miracles, quels que soit le code de bonne conduite ou la méthode de développement personnel adoptés.

Malgré tout, il apparait aussi qu'aimer est une question de réflexion et de choix, même si ce choix requiert des conditions favorables, a minima. D'où l'intérêt d'aborder ces questions simples en apparence, mais à la fois complexes et primordiales, en réalité.

En tout état de cause, qu'on le veuille ou non et qu'on le sache ou non, les inégalités sociales jouent un rôle essentiel dans les problèmes individuels et sociaux. On ne saurait nier cette réalité ou l'occulter, avec des conceptions trop exclusivement centrées sur l'individu.

Par conséquent, les explications visant l'histoire individuelle et familiale des pervers, psychopathes ou sociopathes, en particulier, devraient toujours être complétées par une analyse de la société, et cette société devrait se fixer des objectifs de justice sociale, bien plus que ce n'est le cas.

La causalité sociale de ces pathologies atteint chaque personne à différents degrés, sachant qu'elles sont l'expression hypertrophiée de tendances normales chez les individus normaux, ceci rappelant qu'entre le normal et le pathologique, il n'y a pas le fossé que l'on croit (Freud).

Il ne s'agit donc pas d'ignorer les choses, mais de voir la part de responsabilité collective dans de nombreux cas, et en quoi ces pathologies nous concernent tous, ceci appelant la compréhension et surtout des mesures adaptées aux problèmes.

De ce point de vue, l'approche systémique est précieuse car elle nous apprend que même si le tout est supérieur à la somme des parties, chaque partie n'en demeure pas moins un élément du tout, en interaction avec les autres éléments, de sorte que tout ce qui relève d'un élément renvoie aux autres éléments et au système, et inversement.
Autrement dit, l'analyse d'un des pôles ne peut se passer de celle des autres pôles.

Tout en utilisant un autre langage, Freud ne disait pas autre chose lorsqu'il mettait parmi les causes des névroses, l'impossibilité d'accéder à des satisfactions pour des raisons d'ordre extérieur à l'individu, les exigences de la réalité s'opposant souvent à la jouissance du sujet et à la réalisation de ses désirs.
La réalité en question, ce sont notamment les institutions matérialisant les autres au sens large du terme, même si chacun(e) n'a souvent affaire qu'aux textes ou aux personnes physiques les représentant.

1.2.b.iii Culte de l'avoir et de la personnalité

La société individualiste et concurrentielle engendre l'obsession des chiffres, le culte de l'avoir et de la performance, et par suite, une confusion de l'avoir, du paraître et de l'être, incitant chacun(e) à se comparer aux autres selon des critères observables, concrets et mesurables.

Les signes extérieurs de richesse notamment, sont très utilisés dans l'évaluation que les individus font les uns des autres. D'où l'importance des marques et de tout ce qui s'y rattache.

Les symboles visuels sont ainsi exploités en permanence, pour départager ce qui vaut de ce qui ne vaut pas.

Or, si dans un certain sens, l'être est bien lié à l'avoir, il ne saurait s'y réduire comme c'est suggéré en permanence, malgré les dénégations portant sur cette pratique courante.

L'accès aux biens étant conditionné par leur coût, en particulier, l'importance et la valeur des choses est tendanciellement confondue avec leur prix, par simplification, et ensuite, celle des personnes avec leur statut social, synonyme de capacité financière et de jouissance, alors même que celle-ci est souvent mise à mal.

Par suite, les aspects qualitatifs des choses et des personnes, sont relégués au second plan, quand ils ne sont pas complètement éclipsés, au point que cette société du "toujours plus", donne souvent l'impression de compter, quand il s'agirait de penser.

Pour ces mêmes raisons, de nombreuses personnes sont en souffrance, car obsédées par d'incessantes comparaisons avec autrui, en termes d'avoir et de pouvoir, les deux étant liés. Ces obsessions les empêchent de voir que le but essentiel est d'essayer d'aller de l'avant malgré tout, et pour cela, de s'en donner les moyens, en restant concentré(e) sur soi.

Cela paraitra sans doute trivial, mais la dispersion des pensées, des objectifs et des buts, est souvent un problème important, causant un gaspillage de temps, d'énergie et d'autres ressources, alors qu'il s'agirait de fixer des priorités, des buts et des sous-buts, en un mot de planifier l'action, même si cette planification doit bien entendu être souple, c'est-à-dire capable de s'adapter en temps réel, aux diverses nécessités.

Plus généralement, savoir d'où on vient, où on en est, où on veut aller et comment, notamment, est bien plus important que savoir ce qu'a, ce que fait et où en est Pierre, Paul ou Jacques, aux fins de se comparer pour savoir qui réussit le mieux, fait plus, a le plus etc... , sans mettre les choses en perspective, donc en s'écartant de la bonne voie.

C'est un fait avéré chez les personnes déprimées ou dépressives, notamment, qu'elles sont engluées dans des visions figées d'elles-mêmes, de la vie et d'autrui, une grande partie du travail thérapeutique consistant à (re)construire une conception dynamique, dans laquelle les objectifs à atteindre et le futur en particulier, sont clairement distingués du passé et du présent.

En outre, il s'agit aussi souvent de faire percevoir à ces personnes la dimension collective de leurs difficultés, par une analyse systémique apportant du recul sur leur cas personnel, et leur permettant de mieux se situer dans leur environnement à la fois familial et social.

C'est brièvement évoquer les ravages du culte de l'avoir et de la personnalité, de la performance et de la compétition, dans certaines consciences, et l'ampleur du travail pour que la valeur économique et mathématique, cesse de se substituer à la valeur morale et à la culture, comme c'est trop souvent le cas.

Un exemple symptomatique de cet état des choses, est celui du nombre de mètres carrés dont une personne dispose à Paris et de son quartier de résidence.
Un snobisme très parisien veut notamment que si vous n'avez pas votre 80m2 dans un beau quartier, « en gros », vous n'êtes pas fréquentable.

Quand ce genre de conventionnalisme existe chez un des partenaires d'une relation, les présentations en viennent très vite à ce sujet comme si votre nombre de m2 résumait votre identité. La violence symbolique de ce préjugé est d'autant plus grande qu'un grand nombre de personnes sont célibataires et habitent des petites surfaces à Paris, sans pour autant être déshéritées culturellement ou socialement.

Quoi qu'il en soit, dans le contexte évoqué, il n'est pas sûr que les initiatives allant dans le sens de plus de justice donc d'amour spirituel entre les humains, de même que le courage de ceux menant des projets dans ce sens, soient un jour justement récompensés.

Le temps consacré à ces aspects psychosociaux est justifié parce qu'ils atteignent les familles, les couples et les individus, dans ce qu'ils ont de plus intime, comme on l'aura compris, en attaquant directement leur conscience personnelle et leur représentation d'eux-mêmes.
L'image qu'on a de soi est en effet pour une grande part, l'image que les autres nous renvoient de nous.
Personne n'est donc à l'abri des influences en question, mais chacun(e) est au contraire exposé dans ses relations avec un monde, n'ayant cesse d'imposer ses modèles dominants par d'innombrables canaux de communication, de manière à la fois consciente ou inconsciente.

Cette violence symbolique impacte les rapports de chacun(e) avec soi, autrui et le monde extérieur, et se répercute au niveau des modalités de liaison/déliaison, exprimant le potentiel affectif des personnes.

De ce point de vue, les exemples évoqués sont révélateurs de la qualité des relations sociales dans une société, sachant que de nombreux états pathologiques sont constitués de tendances existant à des degrés moindres chez les individus normaux, comme on l'a déjà dit.

A ce titre, ils offrent une vision grossie comme au travers d'une loupe, des relations humaines plus courantes ou fréquentes.

En d'autres termes, qu'on le sache ou non et qu'on le veuille ou non, le délitement des solidarités corrélatif de l'individualisme, du culte de l'avoir et de la compétition propres au libéralisme, atteint de plein fouet les individus, le social et l'individuel étant imbriqués, comme nous l'articulons ici.

En outre, la vie devenant de plus en plus difficile, chère et incertaine pour beaucoup, les questions de situation sociale et financière deviennent de plus en plus souvent préoccupantes, aucune personne consciente et réfléchie ne souhaitant prendre de risque à ce niveau.

L'individualisme et le repliement sur soi en sont arrivés à un point où Jean Paul Delevoye - Président du Conseil Economique et Social - parle de racisme d'assiette, cette expression signifiant "ce que j'ai, je ne veux pas le partager avec qui que ce soit".

Enfin, pour compliquer encore un peu plus les choses, des thèses comme celle du darwinisme social, soutiennent que la compétition naturelle et l'évolution des espèces, justifient la compétition et la présentent comme une fatalité, alors qu'elle est fondée sur des rivalités économiques ayant pour enjeu la jouissance des biens matériels.
Ce n'est donc pas l'adaptation naturelle à la vie qui est en question, mais le désir illimité de jouissance de certains.

Certains auteurs parviennent ainsi à peu de frais, avec de simples analogies servant de vernis scientifique, à répandre des croyances à la fois fausses et lourdes de conséquences.

En effet, outre que rien ne la justifie sur le plan biologique visé par Darwin, cette thèse occulte la nécessaire prédominance de la culture, donc de la loi symbolique, sur les passions et les pulsions, pour le développement, et qui plus est, pour la survie de l'espèce humaine.

Autrement dit, il serait temps que beaucoup prennent conscience de la supériorité des valeurs culturelles et humanistes, mais encore du gap les séparant des lois naturelles et de l'instinct de possession des biens matériels, en particulier.

Plus prosaïquement, comme l'a dit Martin Luther King dans une phrase résumant bien les enjeux des discriminations sociales : "ou bien nous apprendrons à vivre tous ensemble comme des frères, ou bien nous périrons tous ensemble comme des imbéciles".

On voit bien encore dans cette phrase que l'alternative fondamentale pour les rapports sociaux, qu'ils soient macro ou micro, se situe bien entre l'amour et le désamour, avec leurs conséquences respectives.

En outre, on ne peut pas mieux dire pourquoi le collectif et l'individuel sont liés.

1.2.b.iiii Alternatives

Comme conséquence de ce qui précède, on ne saurait bien comprendre l'amour et les sentiments positifs - quelles qu'en soient les formes - sans voir que ceux-ci ne représentent qu'une partie de l'affectivité et des forces opérant dans ce champ - c'est-à-dire une potentialité parmi d'autres, dans un tout dynamique.

Les contreparties ou pendants de l'amour, à ssavoir l'indifférence, le désamour, l'hostilité, la perversité, la haine etc..., ne sauraient être ignorées ou occultées, comme c'est le cas chez les marchands de bonheur et de certitudes évoqués au début de cet ouvrage, si l'on veut bien comprendre ce qui est en jeu dans les rapports interpersonnels, et avoir une vision d'ensemble de cette problématique, qui est celle de la vie affective en général, donc de la vie tout court.

Il est important notamment, d'avoir à l'esprit que dans toute relation ou rencontre, amicale ou amoureuse, il y a toujours plusieurs possibilités de variation et d'évolution. S'agissant de la relation amoureuse, être conscient que la magie de la rencontre n'existe qu'en imagination, même elle est importante, c'est refuser de laisser au hasard ou à l'imprévu, la charge de déterminer ce qu'il adviendra de la relation, après la phase de séduction.
C'est se montrer avisé et prévoyant, afin garder en toutes circonstances, un minimum de recul et de contrôle de la situation, pour le cas où les choses n'iraient pas dans le bon sens.

En d'autres termes, tenter de construire une relation amicale ou amoureuse, c'est toujours accepter le risque de certaines déconvenues et d'un échec possible, pour toutes sortes de raisons dépendant ou non de l'un ou l'autre des partenaires, ou des deux, lesquels sont inclus dans un système familial et social qui les dépasse, tout en les déterminant à beaucoup d'égards.

Tout cela signifie notamment que la sacro-sainte autonomie, souvent mise en avant et posée comme but ultime des psychothérapies, en particulier, est en réalité relative, ce qu'il ne faudrait ni sous-estimer, ni surestimer.

En effet, comme l'ont épinglé les théories systémiques, les besoins simultanés de dépendance et d'indépendance coexistant chez chaque individu, montrent que ce concept n'est pas bien adapté pour parler du psychisme.

Les notions de liberté et d'autonomie sont en partie dépassées ou contredites par les connaissances concernant les conditionnements de chacun(e).
A la lumière de la psychanalyse, on comprend pourquoi Freud défendait l'idée d'un déterminisme psychique intégral. De même, les approches systémiques et ethnopsychiatriques font une place centrale au groupe (familial, social, etc...) et aux interactions (individuelles, groupales, etc...) ou interdéterminations.

En d'autres termes, croire qu'une personne peut prendre des décisions importantes de manière totalement indépendante ou autonome, est toujours plus ou moins illusoire.

A moins de vivre en autarcie tels des Robinsons Crusoe, notre vie quotidienne dépend du travail des autres à de nombreux égards et à tous les instants, donc de nos rapports avec eux. Nous sommes incapables de subvenir à nos besoins, sans en passer par les services d'autrui. C'est pourquoi nous sommes réellement interdépendants.

Ainsi, qu'il s'agisse d'indépendance matérielle et financière ou d'autonomie psychique et affective, les deux sont relatives.

Le besoin d'aimer et d'être aimé, en particulier, est une conséquence directe de la vie en groupes et en société, et de la dépendance en question vis-à-vis d'autrui.
L'amour est à la base de la vie et de la reconnaissance d'autrui nécessaire pour satisfaire le sentiment d'exister, condition de survie de tout individu.

C'est dire là encore que la personnalité de chacun(e) est conditionnée par les investissements affectifs à partir desquels sa vie est construite, que ce soit en tant que sujet ou en tant qu'objet.

Dans cette mesure, l'impact d'une rencontre et l'influence d'un partenaire, est à mettre en perspective avec la personnalité de l'autre, celle-ci ne pouvant être comprise indépendamment de son histoire, et réciproquement.
Ce faisant, on constate que les possibilités d'adaptation de chacun sont souvent plus limitées qu'on voudrait le croire, tout cela rendant le risque d'échec d'autant plus réel, et invitant à la prudence.

Pour toutes ces raisons, se conduire de manière avisée dans une rencontre ou relation, suppose de ne pas croire que les autres fonctionnent comme nous, notamment, et que par conséquent, il ne peut rien arriver d'imprévisible.
Consciemment ou non, ce genre d'erreur est en effet fréquent chez des personnes n'ayant pas ou peu de connaissances en psychologie, en particulier quand des émotions viennent brouiller la claire vision des enjeux de la relation.

Dans les relations amicales et amoureuses, le mécanisme d'identification au semblable joue en effet d'autant plus fortement que le recul manque, du fait de projections et d'anticipations liées aux émotions, a fortiori en l'absence d'un travail psychique permettant de s'approprier les connaissances utiles en pareilles circonstances.

C'est aussi pourquoi, comme on l'a évoqué, les plus grandes déceptions viennent de ce qu'on n'attend pas, parce qu'on est ignorant ou insuffisamment informé des risques encourus.
Les illusions sont proportionnelles à la force du désir et des fantasmes   l'accompagnant.

A cet égard, il faut savoir que ce qui pour soi fait sens, n'a pas du tout forcément le même sens pour l'autre, comme on est porté à le croire sous l'emprise du désir et de la séduction.

En d'autres termes, partager des émotions ou de l'affection sur un mode fusionnel ou non, n'implique en rien de partager des idées identiques ou seulement compatibles, sur des sujets précis par ailleurs.
Au contraire, dans la plupart des cas, les amis ou amants découvrent leurs différences personnelles en même temps que leurs divergences d'opinions, dans les temps suivants leur rencontre, toutes choses éprouvées de manière plus ou moins sereine ou au contraire acrimonieuse.

Autrement dit, les amoureux ont beau être seuls au monde, comme dit le proverbe, ils n'en font pas moins partie d'un monde où les miracles n'existent pas, mais où, au contraire, tout s'obtient souvent uniquement à force de courage, de bonne volonté et de travail, y compris de travail sur soi, le cas échéant.

Tout cela paraitra sans doute paradoxal et ennuyeux, à ceux cultivant une vision idyllique et romanesque, où l'amour est censé se suffire à lui-même pour tout comprendre et pour assurer l'avenir du couple, en particulier.
Cette conception se rencontre souvent chez des personnes n'ayant pas d'expériences d'échec, et généralisant des croyances reposant sur leur seul vécu. En outre, les censures fonctionnent particulièrement bien chez des personnes peu ou pas habituées à l'introspection, et aussi peu enclines à le devenir, raison pour laquelle on ne peut que respecter leurs défenses.

En tout état de cause, la clinique montre que les émotions et les sentiments ne suffisent pas, et qu'une relation amoureuse pérenne repose sur une connaissance minimale de soi et de l'autre, et surtout sur des intérêts et valeurs partagées, permettant de vivre au quotidien et de gérer les affaires communes notamment.

Ce sont là quelques unes des raisons pour lesquelles, concrètement, le vécu de l'amour n'est réductible ni aux rapports physiques, ni à des émotions ou sentiments.
C'est aussi l'école de la tolérance et du respect de l'autre, donc de l'acceptation des différences et de l'établissement de compromis, ceci supposant d'avoir des valeurs communes, sachant aussi que toutes les différences ne sont pas compatibles pour autant.

En tout état de cause, un des buts de cet ouvrage est de montrer qu'en étant conscient des potentialités mais aussi des risques de l'entreprise d'aimer, on est plus à même de faire les bons choix et de prendre les bonnes décisions, donc a contrario d'éviter des erreurs.
Beaucoup de problèmes relevant d'un manque d'information appropriée, ce livre est donc aussi pédagogique qu'instructif, du moins c'est ce que nous espérons.

Pour les précédentes raisons, nous allons encore explorer pourquoi l'amour n'est qu'une potentialité parmi d'autres, et surtout un sentiment complexe, le désir qu'il exprime et alimente, n'étant ni univoque ni pur comme les romans à l'eau de rose et les images d'Epinal le laissent croire, ceux-ci étant le fondement de nombreux préjugés et croyances fausses.

Une difficulté et non des moindres, vient en effet de ce que les histoires pour enfants et les représentations naïves de l'amour se trouvent dans beaucoup d'ouvrages, supports publicitaires, témoignages etc... dont la vocation n'est pas l'étude objective et scientifique des faits, mais l'atteinte d'objectifs commerciaux, entre autres.

Ces productions imprègnent largement les esprits et les conditionnent plus ou moins consciemment, dans un sens étant souvent loin d'être le meilleur, c'es-à-dire le plus éclairant pour eux.

Une énorme propagande contribue ainsi en effet à répandre des idées fausses et à faire perdurer des mythes dont la place est dans les oubliettes de l'histoire, si on les compare avec les connaissances scientifiques authentiques.

2. Quand le désir s'em-mêle

2.1. Le désir comme pulsion

Comme on s'accorde à le penser dans les milieux scientifiques, la vie n'a pas d'autre but que la vie, c'est-à-dire sa prolongation et sa reproduction, alors même que de nombreuses actions humaines ne vont pas dans ce sens, comme le montre l'écologie en particulier.

Les fonctions de survie et de reproduction sont en effet les plus évidentes et les plus caractéristiques de l'existence humaine, même si elles connaissent de nombreuses déviations et cas particuliers.

A cet égard, on peut admettre qu'une force première est nécessaire pour expliquer la propension de la vie à se perpétuer, et accepter l'idée que chez l'humain, il s'agit de la pulsion de vie - ou Eros - telle que définie par Freud et reprise par de nombreux auteurs, à sa suite.

Une notion de force ou d'énergie est utile en effet pour expliquer la vie et les comportements, le concept d'Eros étant essentiellement métaphorique et heuristique, comme ceux d'instances psychiques, etc.

De ce point de vue, les conceptions cognitives voyant dans la pensée verbale et les croyances, l'origine et la cause des comportements, oublient que les êtres vivants ne sont pas tous doués de langage, et que l'homme en particulier, n'en a pas toujours été pourvu.

De plus, l'existence de comportements instinctifs étant

admise, le concept de pulsion parait fondé d'un point de vue phylogénétique et biologique.

On retrouve ici l'idée que la psychologie n'est pas une science naturelle ou physique, essentiellement parce que le langage est symbolique. C'est un système complexe de phonèmes et de graphèmes, permettant la représentation (sonore et visuelle) de ce qui est absent.
La capacité d'émettre des phonèmes correspondants à des graphèmes, permet la représentation et la communication. Pour autant, ce système symbolique n'atteint pas la nature des choses. Il ne fait que les représenter, en étant produit par le cerveau en lien avec d'autres organes et fonctions (appareil bucco-pharyngé, cordes vocales, main, audition, vision,...)

Dans le même ordre d'idées, la psychanalyse est une métapsychologie, c'est-à-dire un système explicatif abstrait, d'un niveau logique supérieur à celui des processus dont il traite.
Le préfixe méta signifiant "sur" ou "au delà", la psychanalyse est un système explicatif de la psychologie, entendue au sens d'émotions, pensées, raisonnements, comportements, etc...
Le but étant de proposer un système explicatif cohérent, de l'ensemble des manifestations et faits psychiques, le débat concernant la réalité physique des pulsions, est un faux débat pour ces raisons, même si le terme pulsion induit cette question à un autre niveau.

En d'autres termes, il n'y a pas plus de démonstration expérimentale possible de l'existence des pulsions, qu'il n'y a de démonstration que les pensées sont la seule cause des comportements. Néanmoins il y a lieu de croire que les unes et/ou les autres sont toujours impliquées dans ceux-ci.

Rappelons ici que quelle que soient les sciences, on n'explique pas le pourquoi mais seulement le comment des choses.

On ne voit donc pas pour quelle raison la psychanalyse serait sommée de fournir une explication ultime et tangible des pulsions, puisque le but n'est pas là.

Le concept de pulsion est un postulat non démontré mais utile, c'est-à-dire heuristique, répétons-le. De nombreuses études montrent en effet que pour vivre, il faut du désir, désir de vie ou de vivre, c'est-à-dire d'agir etc... dont la source est formalisable dans les termes de pulsion de vie ou Eros.

Ce concept explique aussi pourquoi la vie se maintient d'elle-même chez les êtres dépourvus de langage. En effet, les comportements automatiques visant la satisfaction des besoins vitaux trouvent ainsi une explication logique, même si elle n'est pas démontrable expérimentalement.

Nous avons vu qu'au début de la vie, tout se passe comme si satisfaction (plaisir) et amour étaient équivalents psychiquement, l'amour commençant par l'expression d'une reconnaissance de la mère (ou son substitut), puis des autres personnes subvenant aux besoins (nourriture, sommeil, vêtements, soins, protection, amour, éducation...).

La psychogenèse montre ainsi que l'être humain aime d'abord et avant tout (ce) qui le satisfait, l'objet d'amour étant essentiellement un vecteur de satisfaction des besoins d'origine pulsionnelle.

Ceci rappelle Ferenczi, disant que le sujet n'aime au fond que lui-même. Toutefois, la satisfaction personnelle passant souvent par celle d'autrui, du fait de l'interdépendance dont nous avons parlé, les choses sont plus complexes qu'il n'y parait au premier abord.

Amour de soi (narcissisme) et amour de l'autre (relation d'objet) sont en fait corrélatifs, plus souvent que réciproquement exclusifs.

Les notions systémiques d'interdépendance, de boucle rétroactive et d'homéostasie, illustrent ce fait. Cependant, celles d'ambivalence et de paradoxes expliquent l'existence de tendances opposées ou contradictoires, s'appliquant aussi bien au sujet lui-même qu'à autrui.

Plusieurs concepts théoriques sont ainsi pertinents pour décrire les mêmes phénomènes.

En tout état de cause, la satisfaction des besoins de base s'accompagne d'identification, parce que les besoins psychiques d'identification et d'amour sont aussi essentiels que les besoins physiologiques.

De ce point de vue, l'identité psychique est la doublure de l'identité physique, en quelque sorte.

Autrement dit, quand tout se passe normalement, un enfant ne reçoit pas seulement des soins corporels mais aussi et surtout des soins affectifs et spirituels, c'est-à-dire de l'amour.

C'est grâce à l'amour qu'il parvient à savoir qui il est et à se construire psychiquement, en même temps qu'il apprend à connaitre le monde qui l'entoure.

De même, c'est parce qu'il se sent et se sait aimé, qu'il apprend et devient apte à aimer en retour.

De ce point de vue, comme l'a bien vu Lacan, il apparait que toute demande est aussi et avant tout une demande d'amour. En même temps, on constate que si la demande peut être satisfaite, ce n'est pas le cas du désir sous-jacent d'amour (Eros), en l'occurrence.

L'articulation de la demande et du désir permet de saisir l'origine pulsionnelle de l'amour, et de comprendre pourquoi le désir n'a pas vocation à être satisfait.

Il symbolise la tension par quoi le sujet se constitue entre une cause et un but, un avant et un après, une origine et une fin, c'est-à-dire le mouvement qu'est la vie.

C'est aussi pourquoi le désir est le représentant de la pulsion et son ultime justification, d'un point de vue psychanalytique dégagé des contraintes propres aux sciences physiques et biologiques.

Le nursing est le creuset primordial des comportements affectueux tels que sourires, baisers, caresses, câlins, etc... L'énergie libidinale est canalisée et trouve à s'exprimer dans des activités motrices et des sens multiples conférés par les mots.

La satisfaction des besoins de base - physiques et psychiques - répond ainsi à celle des besoins pulsionnels, en passant par l'apprentissage des comportements correspondants.

Sans grand risque de se tromper, on peut dire que les désirs viennent se greffer sur les émotions issues des sensations et des pulsions auxquelles ils donnent forme et contenu à partir de l'acquisition du langage, quand les mots permettent de représenter les choses.

A contrario, du fait des souffrances liées aux frustrations, insatisfactions et autres difficultés inhérentes à la vie et aux relations avec soi et autrui, les émotions positives, s'inversent de manière récurrente dans leur contraire, c'est-à-dire en émotions négatives, souffrances, etc..

Le désir de vie ou d'amour se transforme alors en désir de déliaison ou de destruction (hostilité, haine, mort, etc...), de manière ponctuelle ou durable.

Le désir de vie est désir d'amour, parce que l'un ne va pas sans l'autre. L'un est l'autre pour ainsi dire. Il n'y a pas de vie possible ou désirable, sans amour de la vie ou plaisir de vivre, notamment, donc sans les satisfactions que celle-ci est censée apporter.

Autrement dit, pour vivre, il faut la conviction que la vie vaut la peine d'être vécue, ceci ne dépendant pas uniquement de la personne concernée, comme on le voit clairement dans plusieurs endroits de cet ouvrage.

L'expression "vivre, c'est apprendre à aimer", trouve ici son plein sens car ce n'est pas toujours simple ou évident, loin s'en faut.

En dernière analyse, le désir de vie ou d'amour, c'est le désir de l'autre, parce que nous sommes interdépendants, avons besoin d'aimer et d'être aimés, sans quoi la vie n'aurait ni sens, ni fondement.

Lacan ne disait pas autre chose lorsqu'il affirmait que le désir de l'homme c'est le désir de l'autre. Désir de désirer et d'être désiré. Voilà bien la raison et le but fondamental de toute vie humaine.

Les choses sont cependant plus complexes si, à la suite de Freud, on admet que l'objet nait dans la haine, comme l'ont montré certains psychanalystes, c'est-à-dire dans la différenciation sensible et parfois douloureuse, entre moi et non-moi.

Il n'est pas douteux en effet que la phase fusionnelle de toute-puissance infantile primaire, se termine via la prise de conscience d'un autrui différencié, à partir des frustrations liées aux états d'insatisfaction des besoins, ceci expliquant la violence symbolique et émotionnelle de cette prise de conscience.

Pour prendre un exemple concret, les pleurs ou les hurlements d'un nourrisson attendant son biberon, sans pouvoir se le procurer ni le demander, sont représentatifs de cette violence des situations où autrui et le moi, se différencient corrélativement l'un de l'autre.

C'est le cas à chaque fois que la satisfaction d'un désir, passe par le désir de l'autre, autrement dit par une communion ou tout au moins une convergence avec celui-ci.

Cette mécanique de la satisfaction et de la frustration confronte à l'impuissance, à la castration et au manque dont toute vie humaine est en partie constituée, et sur quoi sont fondés les rapports humains dont fait partie l'amour.

Tout ce qui précède amène à préciser que l'amour de l'enfant pour sa mère (ou son substitut) - le premier autre - est un temps ultérieur de la jouissance primaire alternant des phases de satisfaction et de frustration.

Il est clair notamment que l'infans (nourrisson ne parlant pas) n'éprouve pas d'amour au sens propre, mais seulement des états de bien-être ou de souffrance, que le nursing - donc la mère - a pour rôle de gérer.

Ouvrons ici une parenthèse pour dire que même si elle engendre des protestations de ceux insistant sur l'absence d'autonomie du sujet, cette gestion est néanmoins réelle, sans quoi la notion de responsabilité (personnelle, juridique, etc..) ne serait pas valide non plus.

Autrement dit, comme on l'a expliqué, l'autonomie du sujet a une réalité, même si elle est relative.

L'idée que le moi joue un rôle d'arbitre entre les exigences de la réalité extérieure et celles des pulsions et des autres instances, corrobore aussi cette affirmation.

Là encore, on voit les formulations psychanalytiques et cognitives sont différentes mais non pas incompatibles, comme beaucoup le croient.

Ainsi, la notion de gestion est pertinente pour expliquer la marge d'action ou de liberté dont dispose un sujet, grâce à quoi son moi fait des choix, même si ceux-ci sont en grande partie déterminés par des conditions à la fois intérieures et extérieures.

La position juste semble donc être à mi-chemin entre les conceptions psychanalytiques et cognitivo-comportementales. Fermons ici cette parenthèse.

En tout état de cause, les interactions et la communication propres au nursing font évoluer la conscience de l'enfant vers des formes de plus en plus élaborées de perception et de compréhension de lui-même, ainsi que du monde qui l'entoure.

C'est seulement quand il a acquis le langage, donc la capacité de se constituer en sujet, qu'il découvre le sens du verbe aimer, à partir de ses expériences et de la mise en mots des choses. On comprend ici que l'amour est une expérience psychique dans le plein sens du terme. En effet, plus qu'une émotion ou un simple plaisir physique, c'est un état affectif lié à un vécu historicisé[16], en même temps qu'un impératif éducatif.

Les émotions sont des ingrédients des sentiments, mais s'en distinguent par leur labilité. C'est dans ce sens qu'on peut dire que l'amour est proche du désamour, ou de la haine.

En effet, les frustrations et insatisfactions font osciller l'affectivité vers le pôle négatif, de manière récurrente dans une relation. Inversement, les moments de satisfaction, de joie ou de bonheur l'orientent vers le pôle positif.

Autrement dit, comme l'avait remarqué Freud, la pulsion (amour vs désamour) a la faculté de se retourner dans son contraire en fonction des aléas de la vie relationnelle.

Plus encore, toute l'activité psychique est conditionnée et rythmée par des émotions, positives ou négatives. L'état neutre n'existe pas pour un être vivant.

Pour cette raison, il y a toujours une composante émotionnelle dans une relation, un ressenti ou état de

---

[16] Donc à une construction à la fois symbolique et imaginaire

jouissance sous-jacent, influençant les éléments symboliques de celle-ci, au point qu'il s'agit parfois de pures rationalisations.

Ainsi, on peut comprendre que la neutralité affective revendiquée par beaucoup, dans l'exercice de telle ou telle activité, est un leurre. L'état émotionnel d'une personne est inséparable de ses comportements psychiques et physiques, pour le dire dans ces termes.

La neutralité de l'analyste, en particulier, n'est pas une neutralité émotionnelle, mais signifie qu'il n'est pas impliqué dans la vie d'un patient ou d'un client, comme le sont ses proches ou ses relations (B. Brusset).

Rappelons enfin que la pulsion de mort (déliaison, désamour, hostilité, etc), s'exprime aussi dans la tendance de la psyche, à ramener le niveau d'excitation au plus bas (Freud).

Dans ce sens, cette pulsion est la contrepartie de la vie et de la satisfaction des besoins.

La vie est mouvement vers l'autre, désir ou changement, tandis que la mort est retour vers le même ou à l'inanimé.

En tout état de cause, comme on l'aura compris, on ne peut bien comprendre l'amour, sans en référer à la pulsion et au désir, qui sont complémentaires plutôt que synonymes, l'un représentant l'autre, comme on l'a vu.

De même, on ne peut comprendre l'amour indépendamment des dualités plaisir-satisfaction vs déplaisir-frustration, et mouvement-vie vs inertie-mort, ces dualités expérientielles scandant la vie de tout individu de la naissance jusqu'à la mort.

2.2. De l'ambivalence comme fait relationnel fondamental

Nous allons maintenant revenir sur la dualité pulsionnelle évoquée précédemment, parce qu'elle est déterminante dans la vie affective dont fait partie l'amour, qu'il s'agisse d'amour filial, parental, conjugal ou amical.

Cela étant, pour entrer plus avant dans le vif du sujet, nous dirons tout de suite que cette dualité est au fondement de l'ambivalence dans laquelle s'inscrivent toutes les relations.

Pour comprendre ce que recouvre le concept d'ambivalence, il faut avoir à l'esprit que tout enfant éprouve des sentiments positifs, mais aussi négatifs, vis à vis de chacun de ses deux parents, ceci ayant amené Freud à formuler le complexe d'Oedipe, dans lequel il a vu la pierre angulaire des névroses.

On notera au passage, que l'Oedipe, dans son expression complète, contient les deux tendances - positive et négative - vis-à-vis de chacun des deux parents, et non pas une seule comme la vulgarisation le laisse croire.

En résumé, pour Freud, le désir de posséder sexuellement sa mère, explique la rivalité du petit garçon avec son père, ou plus exactement, la coexistence d'amour et de haine vis à vis de ce dernier, l'Oedipe trouvant une issue lorsque les tendances positives l'emportent sur les tendances négatives, c'est-à-dire quand le garçonnet a renoncé à posséder sa mère, et accepté la castration symbolique en jeu dans ce processus.

Inversement, pour la fille, le désir de posséder sexuellement son père, explique la rivalité avec sa mère, ou plus exactement la coexistence d'amour et de haine vis à vis de celle-ci, etc...

Nous ne partageons pas totalement la vision freudienne car selon notre expérience, il ne s'agit pas tant de posséder sexuellement la mère (ou le père pour la fille) que d'être son principal objet d'amour, sans qu'il soit nécessairement question de rapports sexuels, consciemment ou inconsciemment, contrairement à la formulation freudienne.

Autrement dit, ce dont rêvent surtout les jeunes enfants, d'après d'autres observations, c'est que leur mère - ou son substitut - se consacre prioritairement, voire exclusivement à eux, et ne soit là pratiquement que pour eux, y compris et surtout quand d'autres personnes sont présentes.
C'est donc bien d'une captation de la mère en tant qu'objet d'amour dont il s'agit, mais cet objet est essentiellement psychique et non pas sexualisé, même si des velléités d'emprise corporelle (être dans ses bras, sur ses genoux, etc...) se manifestent également.

Tout cela introduit donc bien une rivalité avec le père, comme avec toute autre personne, susceptible d'accaparer la mère psychiquement ou physiquement, à leurs yeux, ce qui revient à la détourner d'eux, réellement ou imaginairement.
Dans la plupart des cas, c'est donc essentiellement d'une possession symbolique et affective dont il s'agit, et non d'une possession sexuelle, au sens où Freud l'avait comprise sur la base de sa propre expérience notamment.
Tout cela est d'autant plus vraisemblable que dans de nombreux cas, la psychologie des jeunes enfants n'est pas développée au point que, consciemment ou non, des désirs sexuels prennent forme et sens dans leur psychisme.

En fait, d'après nos observations, la représentation de l'autre sexe et de ce qu'est l'acte sexuel, ou copulation, est inexistante chez les enfants jusqu'à un âge relativement avancé, c'est-à-dire jusqu'au moment où ils en ont entendu parler, ou bien ont vu des photos ou des films, par exemple.

Cet âge relativement variable pouvant se situer entre 5 et 10 ans.

En outre, de nombreux enfants n'ont jamais assisté à la scène primitive, ni n'ont pu l'imaginer avant un certain âge, contrairement à ce que croyait Freud.

Par ailleurs, cette question n'est sans doute pas essentielle, mais le fait par exemple que la libido d'un garçonnet puisse "se tourner vers matrem", pour reprendre les termes de Freud, ne signifie pas nécessairement que le bambin désire avoir des rapports sexuels avec sa mère.

En effet, comme on le sait, les pulsions sexuelles masculines se manifestant dans l'érection, sont à distinguer du désir de copuler et plus encore d'entretenir une relation d'amour génital avec une partenaire.

Il est donc très étonnant que Freud, reconnu pour la pertinence, la précision et l'honnêteté de ses formulations, n'ait pas vu ni évoqué ces aspects, à notre connaissance en tout cas.

De plus, comme cela vient d'être évoqué, on ne peut pas désirer ce qu'on ne se représente pas clairement. Il est donc beaucoup plus probable que des désirs de rapports sexuels à proprement parler, n'interviennent le cas échéant, chez certains petits garçons, en particulier, qu'à partir du moment où ils ont acquis une conception suffisamment précise de ce que sont les relations sexuelles.

En outre, tout cela dépend nécessairement entre autres choses de la place occupée par la sexualité dans la famille, c'est-à-dire dans le discours des parents, en particulier. En effet, ce sujet est abordé très librement dans certaines familles, et pas du tout dans d'autres, où il est tabou au contraire. Or, comme on l'a vu, les autorisations et interdictions existant dans la famille ont un impact puissant sur les enfants, que ce soit au niveau des discours, des pensées et des comportements.

Par ailleurs, le fait que certains garçonnets disent vouloir "se marier avec Maman plus tard", par exemple, ne signifie pas forcément qu'ils éprouvent des désirs sexuels pour leur mère, mais plutôt qu'ils l'aiment énormément au sens vu plus haut, et pour cette raison, envisagent de "faire comme Papa", en se mariant avec elle plus tard, le mariage étant pour eux synonyme de vie commune et de proximité affective essentiellement, autrement dit de ce qu'ils perçoivent et comprennent.

Par conséquent, sur tous ces points, on doit relativiser les conceptions freudiennes, et reconnaître que certaines critiques de Freud sont fondées. Néanmoins, il s'agit seulement de certaines erreurs, la psychanalyse apportant pour l'essentiel, des connaissances irremplaçables.

Quoi qu'il en soit, l'ambivalence éprouvée par l'enfant vis à vis de ses parents, s'explique bien par le fait que ses désirs, attentes et demandes, ne peuvent pas tous être satisfaits par ses objets d'amour, et par sa mère en particulier, dès son plus jeune âge[17].

Les frustrations et désillusions résultant de cette impossibilité engendrent des ressentiments et autres affects négatifs chez un enfant, vis à vis de ses parents lorsqu'ils en sont les agents, indépendamment de ses sentiments positifs.

Une des plus importantes frustrations résulte probablement dans le fait de ne pas pouvoir posséder la mère, dans le sens que nous avons vu, mais il n'y a pas que cela.

---

[17] La possession symbolique de la mère dont nous avons parlé, est une des frustrations imposées par l'éducation, donc par les personnes en charge de celle-ci, mais non la seule.

C'est dans bien d'autres domaines que la mère désillusionne l'enfant de la position de toute-puissance où il veut que ses désirs coïncident avec la réalité, c'est-à-dire avec les réponses qu'il reçoit de l'environnement.

L'enfant découvre notamment que sa mère est un élément inclus dans un environnement ou un système - conjugal, familial, social, etc.. - dont elle-même dépend, d'où l'impossibilité redoublée de satisfaire tous ses désirs et attentes, que ce soit partiellement ou complètement.
Ainsi, le père apparait relativement tôt comme l'autre personnage-clé du système familial dont fait partie l'enfant, personnage barrant l'accès à la mère, en tant qu'épouse de cet autre, symbolisant ainsi le tiers représentatif de l'autorité (ou Loi).

Il l'est d'autant plus que dans nos sociétés patriarcales, la domination masculine reste un état de fait bien ancré dans les mœurs, donc dans les mentalités, à commencer par le nom de famille qui est toujours celui du père, dans la plupart des cas.

Au sein des couples, cette domination reste souvent économique, en même temps que psychologique. La virilité demeure synonyme de puissance et de force, donc de pouvoir.
C'est pourquoi les femmes sont souvent maintenues en état de dépendance et de soumission, relatives mais non moins réelles, malgré leurs efforts de libération et l'évolution de leur statut.

En tout état de cause, plus ou moins confusément, au début tout au moins, l'enfant perçoit que sa mère a sa place et ses rôles principaux, ailleurs qu'auprès de lui bien souvent.
La différence des générations et la présence du père (ou de son représentant) comme principal partenaire de celle-ci, ne

lui laissent pas de doutes par ailleurs sur son infériorité, d'autant plus que les parents détiennent conjointement l'autorité éducative.

En outre, dans les familles, la chambre parentale est un des principaux symboles de la structuration hiérarchique familiale.

Malgré cela, le passage récurrent du principe de plaisir au principe de réalité, au travers des vicissitudes de l'éducation, est un facteur essentiel permettant à l'enfant de se différencier d'autrui et du monde extérieur en tant que sujet, au delà des désillusions subies.

Il lui permet aussi de structurer sa personnalité en accédant au langage et en intégrant les règles transmises par l'éducation.

Comme le disait lumineusement Jacques Lacan, « L'homme qui naît à l'existence a d'abord affaire au langage ; c'est une donnée. Il y est même pris dès avant sa naissance, n'a-t-il pas un état civil ? Oui, l'enfant à naître est déjà, de bout en bout, cerné dans ce hamac de langage qui le reçoit et en même temps l'emprisonne».

Autrement dit, si tout enfant est à la base un pervers polymorphe, vivant dans l'ignorance des normes et des règles qu'il doit apprendre, l'éducation et le langage ont pour rôle essentiel de les lui inculquer, ceci concernant tous les aspects de son existence personnelle, familiale et sociale.

Pour finir, nous dirons que l'ambivalence est le prix à payer pour les frustrations et insatisfactions engendrées par l'éducation et la vie en groupe ou en société, en commençant par la famille.

Elle est incontournable pour les raisons qu'on vient de voir, tout cela nous rappelant s'il en était besoin, que toute chose se justifie par l'existence de son contraire, y compris dans le domaine sentimental.

2.3. Structuration de la personnalité, désir et amour

Dans les conditions venant d'être évoquées, les succès et les échecs de l'éducation, qu'ils soient d'ordre familial ou social - scolaire notamment - influencent plus ou moins lourdement la construction de la personnalité.
Ils conditionnent les modalités de la vie affective du futur adulte, notamment ses capacités d'établir des relations saines et équilibrées.

En d'autres termes, la personnalité se construit sur la base de modèles et la transmission ne passe pas seulement par l'imitation de comportements observables.
Le désir de faire comme papa ou comme maman - qu'il s'agisse des parents réels ou symboliques - passe aussi et surtout par les explications, justifications et recommandations concernant les modèles et contre-modèles, par l'intérêt ou le désintérêt porté à ceux-ci, et par les autorisations et interdictions en rapport.

A noter cependant que l'enfant ou le futur adulte n'est pas un objet inerte sur lequel s'impriment les transmissions en question. Ce sont des processus interactifs auxquels il prend part en fonction de ce qu'on lui permet ou pas de comprendre, c'est-à-dire de ce qu'on lui explique ou pas, d'une part, et d'autre part de sa compréhension effective, en fonction de ses prédispositions, capacités, croyances, etc...

L'approche psychogénétique éclaire en quoi et comment les relations premières avec les parents, les proches et les autres plus généralement, conditionnent les rapports affectifs à l'âge adulte et façonnent la capacité d'aimer, en particulier.

Le milieu social et la famille constituent des ensembles emboités où la personnalité de chaque individu est amenée à se construire, en tant qu'élément inclus dans ces ensembles ou systèmes et fortement dépendant d'eux, bien qu'étant également acteur. C'est ce qu'enseignent également les théories systémiques, que tous les professionnels de la psychologie devraient connaitre a minima.

En d'autres termes, des invariants se construisent pendant l'enfance et la première jeunesse, toutes choses contribuant à forger la personnalité adulte, que Freud comparait à un bloc de cristal de roche.

On constate en effet que les difficultés rencontrées par une personne, correspondent à des lignes de clivage inscrites dans sa personnalité, c'est-à-dire dans son histoire personnelle et familiale, cette dernière devant également être comprise comme un maillon d'une chaine sociale.

Ces invariants sont des schémas mentaux constitués en partie de valeurs pouvant fluctuer en fonction des aléas de la vie.

Ils sont influencés par les habitus de la famille, du milieu social et de la société dans son ensemble, ces conditionnements atteignant les individus aussi bien dans la famille qu'à l'école, dans l'entreprise et les autres groupes sociaux.

Ainsi, des phénomènes aussi différents que la crise économique, l'émancipation des femmes, la pornographie et les sites de rencontres, par exemple, ont profondément modifié les représentations de la société, d'autrui et de soi, de l'amour et de la sexualité, ainsi que les expériences en rapport, chez de nombreux individus, en particulier dans les grandes agglomérations où les liens sociaux traditionnels sont dilués dans l'anonymat.

Ainsi, dans une rencontre, chacun des partenaires a une histoire et un vécu ayant forgé sa personnalité, ses capacités et modalités d'aimer et de se délier, haïr etc... indépendamment des dénominateurs communs à toute histoire d'amour, dont nous revisitons les principales dimensions.

Les croyances, valeurs et habitudes anciennes, en particulier, sont peu susceptibles de changer chez des adultes - d'autant moins que leur âge est avancé - sauf dans les cas où elles engendrent des difficultés telles qu'une volonté de changement se manifeste et perdure, malgré les difficultés et résistances propres au changement.
Il peut s'agir aussi d'une volonté d'évolution personnelle ou d'une motivation indépendante de difficultés particulières. Toutefois, même lorsqu'une personne désire changer, elle n'est pas nécessairement capable de le faire, en raison de limites ou d'obstacles parfois indépendants de sa volonté.

Pour ces raisons, il est illusoire par exemple de croire, comme cela se produit souvent, que l'être aimé peut nécessairement changer par amour et qu'il (elle) va le faire dans le sens attendu par son (sa) partenaire, si les choses ne se présentent pas comme souhaité dès le départ.
Au contraire, qu'une personne ne peut changer que si elle est persuadée qu'un changement est nécessaire, cette conviction ne pouvant et ne devant pas venir de l'extérieur mais d'elle-même, autrement dit d'une adhésion pleine et entière à des objectifs de changement.
C'est une des raisons pour lesquelles on ne découvre jamais que ce qu'on savait déjà, et c'est aussi pourquoi on ne parvient jamais à convaincre une personne qui n'est pas prête à entendre ou à accepter certaines choses ou certains faits. Autrement dit, toute prise de conscience importante

nécessite la présence d'éléments devenant conscients progressivement, ceci rappelant la perlaboration de Freud.

De même il est illusoire de croire que l'être aimé peut et doit combler toutes les attentes de son (sa) partenaire, comme certains préjugés et idées reçues tendent à le faire croire, quand ce n'est pas la toute-puissance infantile qui le réclame plus ou moins consciemment.

Comme on l'a vu, le désir n'a pas vocation à être satisfait, ceci signifiant qu'aucun objet d'amour ne viendra jamais le satisfaire totalement, pas plus le partenaire sexuel que les parents, les amis etc...

La compréhension de l'amour où nous voulons en venir n'est donc pas celle d'un état idéal et parfait comblant tous les manques, et induisant des exigences en rapport, mais plutôt celle d'un état où des renoncements sont nécessaires, comme dans la vie en général.

Il s'agit d'une vision philosophique renforcée par des preuves scientifiques fondées sur l'expérience clinique et les théories en découlant, et non pas d'une vision consumériste ou suprémaciste de l'amour, comme on en trouve dans les patapsychologies.

La présente revue de l'ambivalence affective et de son rôle structural pour le psychisme, nous amène à souligner une fois de plus l'importance d'une bonne connaissance du fonctionnement psychique dans ce qu'il a de général ou commun à tout être humain.

Cette connaissance donne une grille de lecture pour celle de soi, d'autrui et du monde extérieur, le but étant de se conduire de manière éclairée dans le domaine sentimental et plus largement dans la vie, et ainsi d'éviter des erreurs.

Comprendre la vie affective et les relations humaines, dans leurs composantes psychogénétiques individuelles et psychosociologiques (familiales et sociales), est en effet une étape importante pour comprendre l'amour dans ses différentes formes, c'est-à-dire ses tenants et aboutissants.

3. La Loi

3.1. L'ordre culturel et symbolique

Comme on l'a vu dans les pages précédentes, les relations premières constituent les modèles (ou les contre-modèles) des relations ultérieures, qu'elles conditionnent de multiples manières.

Chacun(e) le sait intuitivement et l'expérience clinique le confirme au travers d'innombrables études de cas.

Les récits des clients et des patients en sont en effet l'illustration, chacun(e) faisant l'expérience de ces relations avec plus ou moins de bonheur - ou de malheur - suivant les cas, les évènements et aussi les périodes de la vie.

Nous aborderons ces questions plus en détails dans la partie suivante, où seront présentées des vignettes cliniques.

Pour l'instant, nous allons revenir sur ce qui se transmet dans l'éducation, concernant les relations, ainsi que sur les conséquences de ces transmissions, pour la structuration de la vie affective et sexuelle dont l'amour fait partie.

Rappelons d'abord que la culture est l'ensemble des savoirs et des règles inhérentes à ceux-ci, grâce auxquels l'homme est passé du stade primitif archaïque à la civilisation.

Dès lors que le langage est apparu et s'est complexifié, les questions de la vérité et de l'erreur, des valeurs et des règles, et plus généralement de l'ordre symbolique, sont nécessairement devenues essentielles.

Comme l'a bien vu Freud, les symboles et les mots sont les représentants des choses (Logos).

Leur vocation première est de représenter des objets absents - non perçus directement par la conscience - qu'il s'agisse d'objets concrets ou abstraits

C'est en cela que les écrits constituent des mémoires, où les savoirs sont consignés dans leur grande majorité.

En d'autres termes, tout au long de l'évolution, les besoins individuels et collectifs ont engendré le langage oral et écrit, puis in fine, les institutions dépositaires des savoirs constitués. L'organisation de la vie sociale s'est structurée progressivement, tant au niveau individuel que collectif, dans tous les domaines d'activité, en passant par différentes époques et étapes.

En tout état de cause, quand tout se passe normalement, les connaissances transmises par les structures éducatives (famille, école, etc..) permettent à un enfant de devenir un adulte capable de trouver une place dans l'organisation sociale existante.

En d'autres termes, l'ordre symbolique constitué par l'ensemble des savoirs et des règles présidant aux échanges des humains entre eux et avec le monde environnant, joue un rôle majeur dans le processus menant le petit animal humain de la naissance jusqu'à l'état adulte, ce que résume bien la phrase : l'homme a fait le langage qui l'a fait homme (E. Morin).

Cela dit, on a vu que les désirs, attentes et demandes d'un enfant ne peuvent et ne sont pas tous satisfaits par ses objets d'amour, et par sa mère en particulier, dès son plus jeune âge.

Les cris et les pleurs des jeunes enfants correspondent souvent à des besoins, insatisfactions ou frustrations plus ou moins ponctuelles ou durables, auxquelles les adultes ne répondent pas toujours de manière appropriée. C'est un fait massif mais insuffisant, car les raisons de cela sont diverses et variées.

C'est pourquoi nous devons aller plus loin pour mieux comprendre ce qui se joue dans ces questions.

On doit notamment distinguer ce qui revient en propre à la mère et aux personnes de l'entourage dans les frustrations subies par l'enfant, et ce qui revient à l'éducation elle-même, c'est-à-dire à l'inculcation des règles de vie sociale, autrement dit au grand Autre constitué par l'univers social et par l'ordre symbolique dans lequel celui-ci s'articule.

En plus d'être les modèles de leurs propres manières d'être et de penser, les parents sont en effet les vecteurs d'un grand nombre de règles et de valeurs sociales, qu'ils ont eux-mêmes intériorisées et qu'ils transmettent à leurs enfants, la vie en société nécessitant l'intégration et l'observance des règles et des valeurs du groupe ou de la société d'appartenance.

Pour ces raisons, les transmissions en question se font en termes de conditionnements, reposant sur des autorisations ou interdictions, encouragements ou dissuasions, etc. En outre, certains processus d'intériorisation (ou de transmission), ne passent pas par les mots, mais par l'introjection consciente ou inconsciente d'attributs ou de modèles visuels et symboliques, via la communication non-verbale notamment.

Rappelons que communiquer signifie mettre en commun ou partager, en tout ou en partie, un univers ou une vision du monde, au travers de messages explicites ou implicites, chargés de valeurs positives ou négatives.

Ce partage est possible grâce à l'identification au semblable, mécanisme essentiel de la construction d'identité et de la différenciation de soi, i.e. de la position du sujet vis-à-vis de lui-même et d'autrui.

La construction identitaire passe en effet par la phase du miroir où l'autre - celui (celle) que je reconnais comme étant moi-même - se définit à la fois comme semblable et comme soi, sujet et objet, repère d'identité et d'altérité.
De même, linguistiquement, les expressions du type "je suis celui qui est..." pointent l'ambigüité par laquelle le même se définit par l'autre.

En d'autres termes, nous nous identifions ou au contraire nous nous contre-identifions, à ce dans quoi nous nous reconnaissons, ou vis à vis de quoi nous différencions, dans un jeu infini de miroirs et de repoussoirs.
De même, nous introjectons des objets dans la mesure où ceux-ci sont assimilables c'est-à-dire congruents avec notre moi, identité ou monde intérieur. Ou bien nous les projetons à l'extérieur de nous-mêmes, pour les rejeter ou les nier.

Quoi qu'il en soit, comme on l'a évoqué, un grand nombre de règles ne renvoient pas tant aux personnes les énonçant - que celles-ci soient ou non des repères identitaires pour le sujet - qu'à l'ordre symbolique contenant les valeurs et les contre-valeurs, mais encore les prescriptions et les interdictions, spécifiques à la société ou au groupe d'appartenance.

Ces valeurs et conditionnements culturels et sociaux sont contenus dans les mots représentatifs de ceux-ci, et aussi dans la syntaxe des phrases et des messages.
Ainsi, le vocable "voyou", par exemple, évoque à lui seul ce qu'il convient d'en penser, quand l'éducation a fait son œuvre, c'est-à-dire quand les signifiants sont cohérents avec les signifiés qu'ils représentent, en regard de l'ordre symbolique en question.

A contrario et trivialement, c'est lorsque le fait d'être un voyou n'est pas inquiétant ou condamnable, voire lorsqu'il est revendiqué, qu'on est dans la perversion morale ou dans la délinquance. On remarquera au passage la suture entre vocabulaire psychologique et vocabulaire juridique.

L'ordre symbolique – ou psychologique - est en effet doublé d'un arsenal juridique formalisant les prescriptions et les interdictions que tout sujet-citoyen doit en principe connaitre et respecter, sans que pour autant cet arsenal se confonde avec la Morale, et notamment avec les valeurs reconnues dans la Déclaration Universelle des Droits de l'Homme.
Les choses sont en effet plus compliquées qu'il n'y parait, parce que les valeurs dominantes sont décalées des valeurs universelles, voire contradictoires avec celles-ci, ce qui n'est pas un moindre paradoxe.

Ainsi, la Déclaration des Droits de l'Homme a une valeur déclarative mais non obligatoire, les textes devant rendre les droits économiques, sociaux et culturels, justiciables au niveau international, n'étant pas ratifiés par tous les pays signataires, dont la France notamment.
Par suite, les articles 25 de la Déclaration et 11 §1 du Pacte relatif aux Droits Economiques, Sociaux et Culturels, concernant le droit à un niveau de vie suffisant pour soi-même et sa famille, y compris une nourriture, un vêtement et un logement suffisants, notamment, ne sont appliqués nulle part dans les pays signataires de la Déclaration.

Les rapports sociaux sont ainsi influencés diversement par des valeurs et par des règles universelles et dominantes, les positions individuelles et collectives en termes de statuts et de rôles sociaux n'étant pas neutres en regard de ces valeurs.

Du même coup, il apparait que la morale ou l'éthique des rapports sociaux, surplombe l'ordre symbolique permettant le vivre ensemble.

C'est pourquoi tous ceux qui rejettent la morale au profit de l'individualisme, c'est-à-dire des égoïsmes personnels et des lois du marché et du plus fort pour faire bref, sèment en fait les graines du trouble, de la discorde et des conflits sociaux.

En d'autres termes, comme le disait fort justement Maria Montessori, "le domaine spécifique de la morale est la relation entre les personnes. C'est la base même de la vie sociale".

C'est dire que les lois écrites et non écrites sont à connaitre et à reconnaitre, si l'on veut comprendre l'importance essentielle du langage et des mots, leur capacité à structurer le psychisme des individus et des groupes, du point de vue des valeurs universelles ou dominantes d'un pays, d'une époque, etc...

Au travers de ces questions, on voit notamment aussi que le langage assure l'inscription du social dans le psychisme individuel, via l'ordre symbolique commun à tous les individus d'une même culture.

Dans ce même ordre d'idées, il apparait que l'amour est une des principales valeurs sociales, si ce n'est la plus importante, et par là-même un devoir moral.

En effet, l'amour est le principal vecteur du lien social, il est le lien social.

Les religions ne se trompent pas sur ce point, même si à d'autres égards, on peut penser qu'elles ont des points communs avec les sectes, voire qu'elles sont des sectes.

Ainsi, il est clair que la riposte à l'angoisse c'est la communion, la communauté, l'amour, la participation, la poésie, le jeu…toutes ces valeurs qui font le tissu de la vie (Edgar Morin).

Ajoutons toutefois que psychologiquement, c'est le désir inhérent à la recherche de satisfaction, qui est à la base de toute activité, l'amour étant une forme supérieure ou subtile de satisfaction, se déclinant dans de multiples formes.

Les formes d'amour sont elles-mêmes situées dans des registres déterminés culturellement et dans les catégories langagières correspondantes.

En effet, comme le structuralisme l'a bien montré, le psychisme et les expériences humaines sont déterminés par le langage, les catégories verbales ou modèles existants, alors même que les modalités individuelles d'existence, se déclinent en une infinité de cas particuliers, susceptibles de modifier et de faire évoluer ces modèles en retour.

Le langage notamment est vivant et évolutif. Il représente l'état de la culture, des institutions et des modèles sociaux à une époque donnée, mais il est constamment remanié, remodelé et modifié en fonction des comportements nouveaux ou en évolution, s'appuyant sur des formes verbales existantes ou en créant de nouvelles.

En tout état de cause, du point de vue culturel et psychique en question, une expérience non symbolisée n'existe pas. Elle est inconsciente et reste à élaborer, pour autant qu'elle puisse acquérir une réalité, comme c'est le cas de toute théorie nouvelle, dans le domaine des sciences.

Pour toutes ces raisons, au delà des modèles proches ou familiers (parentaux, amicaux, etc...), il semble important que chaque personne s'ouvre sur le monde, connaisse et découvre d'autres modalités de convivialité, amitié, amour, etc... en se cultivant et en faisant ses propres expériences.

Il peut s'agir d'expériences culturelles (lectures, films, etc...) ou d'expériences vécues (rencontres, voyages, etc...).

Une connaissance étendue de l'environnement humain, est en effet souhaitable pour la compréhension du monde environnant, comme pour les positionnements individuels et collectifs, c'est-à-dire pour l'exercice des libertés et des responsabilités, ou encore de la créativité.

Il faut bien voir notamment que la valeur morale des modalités en question, a une incidence déterminante sur les individus, et aussi sur la culture, par un effet rétroactif.

On en revient ici aux questions d'éducation, de culture et d'expérience personnelle, permettant à chacun(e) de construire son identité, en exerçant sa liberté et en faisant des choix, au delà des héritages reçus. Ceci rappelle le proverbe disant que l'important, c'est ce que nous faisons de ce que les autres ont fait et font de nous.

En d'autres termes, il en va de la responsabilité de chacun(e) d'identifier les valeurs qu'il (elle) souhaite défendre, dans la mesure de ses capacités et moyens, bien entendu, ceci quels que soient l'héritage et les influences reçues.

A contrario, il est important de cerner quelles sont les contre-valeurs importantes, ceci n'étant pas toujours évident ou facile, parce que nous sommes sujets à erreur, et aussi parce que nous pouvons être influencés, manipulés, etc...

On voit ici que l'expérience personnelle de connaissance et de découverte du monde, est aussi importante, et sans doute parfois plus, que les modèles établis. L'exercice de la liberté et de la créativité personnelle, ainsi que leur respect, est en effet fondamental dans la construction de chacun(e).

Pour conclure cette partie, nous dirons que l'ordre symbolique et culturel correspond à la morale d'une société mondialisée, et notamment aux valeurs reconnues dans la Déclaration Universelle des Droits de l'Homme adoptée par l'ONU, celles-ci étant en partie opposées aux valeurs dominantes.

C'est dire que les gouvernements des pays signataires sont en retard par rapport aux principes de cette déclaration symbolisant un état de justice sociale minimale, loin d'être atteint.

En d'autres termes, elle représente les intérêts de la collectivité dans son ensemble, et non pas seulement ceux de certains groupes privilégiés ou de personnalités dominantes, en regard de leurs statut, pouvoirs et privilèges, notamment.

Pour être plus précis, nous dirons qu'en principe, plus leur pouvoir est grand, plus les individus ont la responsabilité de faire évoluer les règles du jeu, c'est-à-dire de travailler à construire une société plus juste, donc plus humaine.

D'un point de vue humaniste, en effet, les inégalités naturelles ou de fait - capacités, etc... - ne justifient en rien les inégalités abyssales, construites socialement et politiquement.

Autrement dit la fracture sociale entre riches et pauvres, est éthiquement inadmissible.

En d'autres termes, l'idée de culture n'a aucun sens, si elle n'a pas pour objectif la satisfaction des besoins fondamentaux de tous. C'est à ce prix notamment que l'exercice des libertés individuelles peut se développer, sans être entravé par des liens oppressants ou aliénants.

En effet, la liberté et la créativité ne peuvent pas s'exprimer tant que la satisfaction des besoins fondamentaux n'est pas assurée ou acquise, celle-ci étant la principale cause d'aliénation, comme le montre la psychothérapie institutionnelle, en particulier.

L'aliénation au travail et par le travail, c'est-à-dire par l'organisation structurant les rôles et statuts de chacun au sein de la collectivité, est l'aspect le plus patent de l'aliénation fondamentale, faisant que la majorité des individus n'ont pas d'autre solution pour vivre, que de vendre leur capacité de travail.

Voilà pourquoi il serait temps d'en tenir compte, et d'en arriver à la satisfaction inconditionnelle des besoins fondamentaux, telle qu'elle est évoquée dans la DUDHC[18].
C'est dans ces termes et à cette condition que le verbe aimer prendra peut-être un jour tout son sens, car l'amour bien compris est une valeur et plus encore une injonction morale, pour la vie en société.
C'est ce que nous allons voir plus en détails dans les pages suivantes.

3.2. L'amour comme devoir moral individuel et collectif

Nous venons de parler de l'ordre symbolique constitué par le langage, traduisant les valeurs et les formes dans lesquelles les sentiments et liens humains trouvent à se construire, à s'exprimer et à se définir.
L'incarnation du signifiant est le phénomène majeur par lequel l'humain prend conscience de lui-même, des autres et du monde qui l'entoure. Au commencement était le verbe, signifie aussi que l'homme a produit le langage qui l'a fait homme.

Comme on l'a vu, l'ordre symbolique et culturel contient les valeurs d'une société, aussi bien que les valeurs universelles. Ces valeurs sont en partie opposées, voire contradictoires.
Il est particulièrement choquant que l'article 25 de la DUDHC, disant que tout individu a le droit de voir ses

---

[18] Déclaration Universelle des Droits de l'Homme et du Citoyen.

besoins de base satisfaits, n'ait qu'une valeur déclarative et ne soit pas justiciable dans de nombreux états signataires, en 2014.

Au lieu de cela, en France, se développent des associations caritatives comme les Restos du Coeur, les Enfants de Don Quichotte, les Morts de la Rue, etc., constatant l'augmentation importante et constante des publics pris en charge.

Le fait de devoir recourir à des associations pour survivre, signifie bien que les droits fondamentaux ne sont pas reconnus, y compris au pays des droits de l'homme, alors que cette reconnaissance est le principal, voire le seul véritable ciment social, c'est-à-dire la seule preuve tangible de la reconnaissance de chacun par chacun, et du droit à la vie, en particulier.

Autrement dit, seule cette reconnaissance témoignerait de la considération et du respect que les humains se doivent entre eux, comme formes élémentaires d'union ou d'amour du prochain.

Au lieu de cela, comme pour compliquer encore plus les choses, les valeurs dominantes sont souvent confondues avec les valeurs universelles, et considérées comme une morale collective surdéterminant la morale individuelle, en lieu et place de celles-ci.

Ceci est vraisemblablement du au fait que les valeurs dominantes sont généralement assorties d'importants moyens de diffusion et de coercition - tandis que les valeurs universelles sont reléguées à l'arrière-plan, quand elles ne sont pas oubliées ou ignorées.

Le gap visé ici, montre bien que la justice n'est pas à confondre avec l'institution de la justice, laquelle est divisée entre plusieurs institutions, outre le fait qu'elle est dans les mains des classes dominantes, c'est-à-dire des parlementaires faisant les lois, et du corps judiciaire chargé de leur application.

En d'autres termes, les élites administratives sont prises au piège de leurs contradictions, car autant il est relativement simple de reconnaitre les droits fondamentaux au niveau des principes, autant dès qu'il s'agit d'appliquer ces principes dans les faits, les choses deviennent beaucoup plus complexes, ambigües et contradictoires, comme on l'observe au niveau des droits de l'homme.

Un aspect de la complexité c'est que dans les démocraties, les lois dépendent de rapports de forces permettant de dégager des idées dominantes, mais rien ne prouve jamais que la majorité a raison, ceci pouvant déboucher sur des aberrations comme le fascisme, etc...

Le clivage entre valeurs universelles et valeurs dominantes, rappelle particulièrement bien Freud, disant qu'il existe infiniment plus d'hommes acceptant la civilisation en hypocrites que d'hommes vraiment et réellement civilisés.

L'existence d'inégalités sociales abyssales malgré l'égalité des droits reconnue dans les démocraties, et malgré la reconnaissance de principe des droits fondamentaux, est en effet profondément hypocrite, indécente et indigne d'une morale civilisée.

Toutes ces valeurs contribuent néanmoins à forger les modèles d'éducation et de citoyenneté auxquels chacun(e) doit en principe se conformer, même si elles ne sont pas cohérentes entre elles sur des points essentiels. Leur évolution et leur agrégation - corrélatives du rejet des contre-valeurs - se font au fil du temps et des générations, des mouvements d'idées et des gouvernements successifs.

S'agissant de l'amour, leurs formes les plus tangibles se trouvent au niveau d'institutions comme le mariage, le pacs, les droits des femmes et des enfants, etc., régies par le Code de l'Action Sociale et de la Famille, et par le Code Civil, notamment.

Du point de vue de ces références, l'amour constitutif du lien conjugal, familial et social s'accompagne nécessairement de sollicitude et d'engagement, en particulier.

Le devoir mutuel d'assistance des conjoints, ou celui des ascendants et descendants, symbolisent l'obligation morale inhérente à l'amour, la loi entérinant des états de fait la précédant et la légitimant, la plupart du temps. Conventionnellement et civiquement, l'amour chez les humains implique ainsi des obligations morales le différenciant nettement de la copulation et des comportements de séduction des autres espèces vivantes, encore que la fidélité par exemple, existe aussi chez certains animaux.

Néanmoins, pour des raisons diverses et variées, de nombreux individus ont des comportements se rapprochant de l'animalité. Autrement dit, au nom d'une prétendue liberté sexuelle, ou de la liberté tout court, ils s'autorisent des frasques inacceptables du point de vue de la morale sexuelle civilisée et des bonnes mœurs, encore que ces notions n'ont aucun sens à certains égards, comme on le voit avec la pornographie en particulier.

Ces individus sont souvent des hommes ayant un statut socio-professionnel élevé, comme quoi ce n'est pas nécessairement un gage de moralité. Au contraire, il semble souvent que plus un individu a de pouvoir, plus il est susceptible d'en mésuser.

En tout état de cause, que ce soit par manque d'éducation, par perversité, ou par perversion morale, les comportements inciviques et irresponsables sont fréquents de nos jours.

C'est à souligner dans un souci de prévention, car tout cela contribue à engendrer des désarrois, souffrances et pertes de repères, observées chez beaucoup de personnes.

Pour remédier aux carences éducatives en question, il faut préciser qu'en amitié comme en amour, des sentiments authentiques supposent d'investir la personne aimée d'une attention affectueuse et soutenue, et de prendre soin d'elle plus généralement.

Donner de l'affection et en recevoir, symbolise la communion de personnes, s'appuyant sur l'identification au semblable et sur les modèles transmis par l'éducation, quand tout se passe normalement.

En d'autres termes, du point de vue des idéaux et des règles communément admises, l'amour n'est pas un ressenti ponctuel ou un désir à l'état brut, mais un sentiment construit, impliquant des devoirs et obligations morales réciproques.

Pour ces raisons, toute conception de l'amour n'incluant aucun devoir ni obligation, est erronée ou pervertie dans son fond. Elle signe l'absence d'amour alors même qu'elle prétend le cerner.

Il est donc essentiel de différencier le sens du mot amour, tel qu'il est compris dans des textes de référence, du sens déformé ou infléchi qu'il prend dans diverses circonstances, où un sujet cherche à imposer sa subjectivité et son désir, plutôt qu'à vivre une authentique relation d'amour.

Idéalement donc, le sentiment d'amour doit être ressenti, mais aussi être conçu et explicité comme tel - ce qui se conçoit bien s'énonce clairement - ceci montrant l'importance de l'éducation sentimentale et sexuelle, donc de la dimension psychique de l'amour.

Dire à quelqu'un "je t'aime", ce n'est pas seulement affirmer un état émotionnel ou un désir physique, c'est aussi manifester un engagement moral, car nous avons des droits mais aussi (et peut-être surtout) des devoirs moraux vis à vis de ceux que nous aimons et de qui nous sommes aimés.

On retrouve ici l'idée que "par sa raison, l'homme accède à un monde où il n'est pas seulement question de ce qui est mais de ce qui doit être" (M. Lamaty), la morale étant inhérente à la rationalité.

A cet égard, si le langage est un système symbolique intégrant les valeurs collectives et personnelles à chacun(e), la culture a pour but le développement des valeurs universelles.

Les faits de langage sont basés sur les idées du Bien, du Juste, du Bon, etc... ayant vocation d'être partagées par les individus d'un groupe. Leur principale fonction est de permettre à chacun(e) de s'adapter à son environnement, et notamment à la communauté humaine dont il(elle) fait partie.

Connaitre le monde pour un humain, c'est se le représenter grâce au langage, et communiquer grâce à ce même langage, mais tout cela ne va pas sans lignes directrices ou sans buts, c'est-à-dire sans valeurs et sans éthique.

Ainsi, comme l'a dit fort justement J. Marmontel, les faits moraux composent l'histoire des hommes, où se mêle souvent du physique, mais toujours relativement au moral.

En d'autres termes, du point de vue de la morale et des valeurs collectives, l'amour n'est pas simplement un sentiment. C'est un devoir indispensable au vivre ensemble dont découle un autre devoir d'aide et d'assistance, la solidarité étant consubstantielle au fait d'aimer.

L'amour correspond ainsi à des règles à fois écrites et non écrites (commandements religieux, lois morales, juridiques, symboliques, psychiques,...) que personne ne conteste généralement, même s'il y a toujours des individus réfractaires ou des exceptions confirmant une règle, dans tous les domaines.

Quoi qu'il en soit donc, d'une manière générale, on ne peut pas parler légitimement d'amour, dès lors que les manifestations en question ne sont pas accompagnées des attitudes, comportements et attributs évoqués.
Cette précision est importante, car pour de nombreuses personnes n'ayant pas d'éducation sentimentale - ce qui ne veut pas dire qu'elle n'en ont reçu aucune - l'amour se réduit aux rapports physiques et sexuels, autrement dit aux comportements de séduction et de copulation.

Ainsi, moins la dimension psychique et culturelle est investie, plus l'amour est réduit à des rapports physiques, au détriment de cette dernière.
C'est pourquoi on ne saurait trop insister sur l'importance de l'éducation sentimentale, civique, etc... pour que l'amour soit compris, conçu et vécu, dans le sens qu'il devrait toujours avoir, c'est-à-dire dans le sens culturel spécifique à l'humain.

A contrario de ce qui vient d'être expliqué, il apparait clairement que l'industrie pornographique exploite les instincts primaires et renforce les carences éducatives, en réduisant l'amour et la sexualité à des pratiques sexuelles, exploitables en tant que sources de profit.
C'est là un des effets pervers majeurs du libéralisme, car recherche du profit et culture sont souvent en conflit.
Autrement dit, le prêt-à-penser et à consommer libéral tend souvent se substituer aux vraies connaissances. Il exacerbe la recherche de plaisir immédiat, au lieu de promouvoir la réflexion, et substitue des succédanés de satisfactions à des satisfactions pleines et légitimes.

La psychanalyse a montré, en s'appuyant sur l'anthropologie, que les interdits de l'inceste et du meurtre du Père sont au fondement de la vie sociale et culturelle, exigeant la répression et le contrôle des pulsions.

Ces exigences morales premières s'expliquent par le fait que les objets d'amour sont des supports d'identification et des objets d'investissement, engendrant des velléités d'appropriation et de possession psychique, affective, et finalement physique, fantasmatiquement tout au moins.

Comme on l'a vu, tout enfant rêve en effet d'avoir sa mère pour lui et rien que pour lui, ou plus exactement, de disposer d'elle à sa guise, comme Freud l'a montré dans l'exemple du jeu de la bobine. Pour cette raison, le père ou tout autre tiers apparait comme un rival qu'il veut tuer symboliquement ou réellement, c'est-à-dire faire disparaitre.

L'amour infantile est pervers, car la distinction entre soi et l'autre n'est pas bien faite et intégrée, celle-ci supposant la reconnaissance et l'acceptation des normes inhérentes à la relation, autrement dit de la loi symbolique imposant des limites au désir, sachant que la relation œdipienne est paradigmatique de toutes les autres.

On constate notamment que l'amour contient des ressorts d'agressivité, parce qu'il s'accompagne d'un désir instinctuel de maitriser l'objet, ou d'en disposer à sa guise, d'où la nécessité que ce désir d'appropriation, impliquant manipulation, etc... soit surmonté et contrôlé grâce à l'éducation, ce qui n'est pas toujours le cas du fait des imperfections ou des échecs de celle-ci.

Tout cela rappelle que la loi symbolique, parfois appelée nomination, est porteuse des valeurs et des règles, sans quoi l'amour se réduirait à une pure jouissance, sans détours, ni retenue, ni sens finalement, les rapports physiques étant la principale forme de celle-ci.

Autrement dit, on comprend que cette loi fonde la castration symbolique, dans le sens où tous les désirs n'ont pas vocation à être satisfaits, en raison de limites et de contraintes, se rapportant à des valeurs attribuant ou retranchant des qualités ou des prérogatives, aux choses ou aux objets,

On retrouve ici l'idée que l'amour se partage en plusieurs courants, l'amour d'objet se différenciant de l'amour de soi ou narcissisme, basé sur les pulsions d'autoconservation et la recherche de satisfactions, ou plus simplement de plaisir.

Comme on le sait, cet amour narcissique est indispensable à tout individu pour se développer et se différencier, même s'il est appelé à se tempérer et à se limiter.

C'est dire que l'égoïsme n'est pas nécessairement un défaut ou un problème, contrairement à un préjugé bien ancré, tout dépendant des poids et mesures dans lesquels les investissements sont distribués, si l'on peut dire, et notamment de l'assimilation de la loi symbolique dont nous avons parlé.

Enfin, classiquement, le courant tendre et le courant sensuel sont les autres courants dans lesquels l'amour trouve à s'exprimer, sachant que se posent des questions d'ordre spirituel et moral - comme celles de l'éducation, de la normalité et de la perversion - déterminant les représentations, les fantasmes et les comportements de chacun(e), toutes choses basées sur les expériences contenues dans l' histoire du sujet.

C'est ce que nous allons examiner dans les pages suivantes.

4. Relations amoureuses

Comme annoncé au départ, nous avons fait une revue de questions importantes concernant l'amour, d'un point de vue psychologique pluriréférentiel, en situant notre propos dans son contexte historique et actuel chaque fois que c'était nécessaire.

Cette toile de fond inclut des perspectives psychologiques, psychogénétiques et psychosociologiques, permettant de saisir les différentes dimensions et aspects dans lesquels l'amour peut ou doit être compris, afin d'être abordé en connaissance de cause, ceci incluant ses antonymes.

Sans prétendre à l'exhaustivité, cette approche fait apparaitre la complexité d'un sujet ne pouvant se réduire aux images d'Epinal et aux histoires à l'eau de rose, propagées par certains médias, patapsychologues et marchands de bonheur, de sorte que beaucoup de personnes sont dépourvues et désemparées face à des situations réelles, nécessitant des explications et une compréhension appropriées.

Beaucoup de livres et de formations brèves proposées pour trouver l'amour, en particulier, sont insuffisants, voire dérisoires, en regard de ce qu'un travail approfondi permet d'apprendre, concernant soi-même, autrui et le monde extérieur.
En effet, comme on l'aura compris, la capacité d'établir des relations amicales ou amoureuses épanouissantes et pérennes, tient à des facteurs à la fois personnels, familiaux, sociaux et environnementaux, de sorte qu'un individu ne peut pas être isolé de son contexte.

Parmi d'autres conséquences, contrairement à ce que laissent entendre des méthodes naïves ou suprémacistes, en particulier, il s'agit de comprendre que tout n'est pas possible à soi seul, pour chaque individu, sachant que de nombreuses conditions à la fois internes et externes conditionnent la vie et les relations de chacun(e).

En d'autres termes, c'est en étudiant soigneusement les besoins de chacun(e), à partir de son histoire et de sa personnalité, et aussi en fonction de son contexte, que des propositions peuvent être faites, et non pas à partir de généralités décrivant une nature humaine abstraite, détachée de ses conditionnements et de son environnement, ou pire, à partir de recettes toutes prêtes.

Tout cela étant, les précédentes parties étaient nécessaires pour éclairer la suite, où nous aborderons les relations affectives et amoureuses, telles qu'elles s'établissent entre adultes consentants.
Seront donc exclues les perversions telles que la pédophilie, et tous les cas n'entrant pas dans le domaine que nous voulons cerner, car relevant soit de la délinquance, soit de pathologies psychiatriques, soit de ces deux catégories.

Précisons qu'en psychologie, le mot "perversion" concerne des fonctions détournées de leur(s) but(s) naturel(s) et/ou normal(ux). Ce terme n'a donc pas de connotation morale, sauf quand il est accompagné de cet adjectif.
Par ailleurs, la norme est le cas général déterminé statistiquement. Autrement dit, le cas le plus fréquent est admis comme règle et se voit attribuer une valeur positive.

On retrouve ici l'idée que les sciences humaines sont des sciences morales, les mœurs majoritaires étant assimilables aux valeurs dominantes d'une société, à une époque donnée.

Pour autant, ces mœurs ne permettent pas nécessairement à la vie de se perpétuer dans les meilleures (ou les moins mauvaises) conditions pour chacun(e), comme on l'a vu précédemment[19], et comme le montrent certaines études prédisant la disparition future de l'espèce humaine, pour des raisons qu'elle aura elle-même engendrées.

En outre, l'exemple de l'homosexualité montre qu'une orientation affective et sexuelle minoritaire, peut passer de la perversion à la normalité, suivant les croyances, les valeurs, les époques et les sociétés, et surtout suivant l'importance des groupes concernés, c'est-à-dire les rapports de forces sociaux.

De même, en ce qui concerne la prostitution, le fait qu'on soit passés de la pénalisation des prostituées à celle de leurs clients, montre bien l'ambigüité et les contradictions existant autour d'importants sujets d'ordre moral. Tout cela est d'autant plus saisissant que l'abolition de la prostitution relèverait plus sûrement de celle de la pauvreté, que de la pénalisation des acteurs.

On se surprend ainsi à penser que Dieu se rit des hommes déplorant les effets dont ils chérissent les causes (Bossuet), car en effet, tout se passe comme si la pauvreté était chérie ou en tout cas approuvée, puisque comme on l'a vu, les droits humains fondamentaux ne sont respectés nulle part.
Dans ces conditions, on peut faire l'hypothèse qu'elle joue un rôle de repoussoir, et que les gouvernants sont incapables d'organiser un monde non manichéen, où les clivages traditionnels tels que pauvreté vs richesse, ne seraient plus des points de repère essentiels. A croire que cela leur fait peur et les désempare.

---

[19] Le décalage entre valeurs dominantes et valeurs universelles, est particulièrement significatif à cet égard.

4.1. Libération des mœurs et liberté sexuelle

Depuis près d'un demi-siècle, nous assistons à un mouvement dit de libération des mœurs et de liberté sexuelle, et sommes confrontés à de nombreux faits prétendus tels.

Ce mouvement trouve en partie ses origines, dans l'idéologie contestataire des années 68-70, et notamment dans celle des communautés hippies, qui a ébranlé les modèles bourgeois dominants de l'après seconde guerre mondiale.

Sur fond de guerre au Vietnam, le slogan "faites l'amour pas la guerre", exprimait la révolte d'une jeunesse excédée par les atrocités de l'impérialisme occidental et la rigidité de modèles de vie faisant figure de carcans.

Ensuite, par un effet de contagion, la contestation s'est étendue dans tous les domaines, jusqu'à constituer une contre-culture ambitionnant de révolutionner le monde.

Des expériences de vie en communauté ou en groupe, avec ou sans communauté de mœurs sexuels, se sont multipliées durant ces années, visant à détruire le modèle conjugal et familial bourgeois, en même temps que les dogmes de la propriété privée et de la société de consommation, basés sur des rapports de pouvoir et d'argent, et aussi d'exploitation de l'humain par l'humain.

Ainsi, des communautés hippies aux séjours dans des ashrams, en passant par Auroville ou l'élevage de moutons en Ardèche, de nombreux exemples ont été et demeurent des symboles de la contestation en question, en même temps que des tentatives pour établir d'autres modèles de vie, ayant fait de nombreux adeptes sans pour autant jamais devenir prépondérants.

Sur le plan des idées, des théoriciens comme Herbert Marcuse et Wilhelm Reich notamment, sont représentatifs du freudo-marxisme apparu à cette époque, articulant l'analyse freudienne des processus psychiques et l'analyse marxiste des processus sociaux, dans lequel ils ont reformulé certaines thèses freudiennes.

Pour Herbert Marcuse, la répression du désir inhérente à la culture - via le principe de réalité soumis aux exigences sociales - engendre une sur-répression allant au delà du nécessaire, ceci expliquant les révoltes ou explosions s'en suivant.

Wilhem Reich quant à lui, voyait la cause des névroses dans les problèmes socio-économiques (logement, indépendance économique de la femme, difficultés de contraception, etc...), en quoi il est un précurseur de certaines théories psychosociales actuelles.

On lui doit aussi des travaux importants sur la satisfaction sexuelle comme élément central des conditions de vie.

Dans ce contexte, le mouvement de libération des mœurs et de la sexualité s'est amplifié pour ensuite prendre un tournant décisif, avec le développement de l'industrie du sexe et de la pornographie.

De fait, ce mouvement a été récupéré sous l'effet conjugué de la mondialisation de la société marchande, et du développement d'un capitalisme indéfiniment à l'affut de toutes les sources de profit possibles, ceci ayant concouru aussi bien à l'essoufflement des idéologies révolutionnaires qu'à la fin de la guerre froide.

En d'autres termes, des années 70-80 jusqu'à la grande crise d'Octobre 2008, le capitalisme a montré une grande capacité à récupérer les aspirations humaines essentielles, en transformant les idéaux politiques et sociaux, en autant de sources de profits privés, potentiels ou réels.

Sous couvert de libertés individuelles et de libéralisme économique, vus comme les ressorts essentiels de l'activité, le capitalisme institue une philosophie du toujours-plus-de-jouir, niant les valeurs culturelles et les droits fondamentaux, au profit des lois du Marché, érigé en idole et source ultime des lois.

Cette philosophie égotiste légitimant la compétition des individus entre eux, et des autres entités (entreprises, etc..) est opposée aux idéologies humanistes, visant le bien commun et les valeurs universelles.
Pour la renforcer, les idéologues libéraux font flèche de tout bois, en inventant la thèse du darwinisme social, par exemple, pour justifier leurs positions.
Comme si une thèse concernant l'évolution naturelle des espèces, pouvait être plaquée, par simple analogie, sur l'évolution psychique et culturelle spécifique à l'homme.

In fine, le culte de la personnalité résultant de l'individualisme et de la compétition pour les privilèges, a laminé les idéaux collectifs et institué des oligarchies, y compris dans les milieux associatifs et démocratiques, comme certains syndicats en particulier.
Autrement dit, de nombreuses structures constituant en principe des contre-pouvoirs, reproduisent en leur sein les modèles qu'elles réprouvent, à savoir des structures pyramidales où le pouvoir est accaparé par des minorités inamovibles.

Le nec plus ultra des dirigeants en question est d'ailleurs parfois de nier cette hiérarchie, tout en exerçant un pouvoir sans partage.
Ainsi, la captation du pouvoir par des élites est de règle dans de nombreux groupes et sous de nombreux prétextes,

celles-ci étant souvent plus préoccupées par leur avenir, que par les intérêts collectifs.

C'est d'autant plus vrai qu'avec l'évolution démographique, conjuguée à la crise économique, la lutte des places est devenue si serrée que tous les milieux sont touchés depuis longtemps, et notamment les jeunes générations.
En outre, sous l'effet de la loi du profit maximum à moindre coût, chère à l'économie du plus-de-jouir, aucun domaine n'échappe à l'exploitation, voire à la surexploitation des ressources, dans des conditions écologiquement et humainement difficiles, très souvent.

Le refus de limites jugées répressives des libertés, est ainsi un vernis superficiel, masquant une crise morale ou de valeurs, et entrainant la crise économique et sociale dont tout le monde parle plus facilement.
En effet, parler d'économie au lieu de parler de ceux qui dirigent les trusts industriels et les instances gouvernementales, est bien moins impliquant et risqué.

Quoi qu'il en soit, on ne saurait nier que la philosophie capitaliste basée sur la concurrence et la compétition, est pleinement en cause dans cette crise, l'excitation des instincts primaires générant d'importants effets pervers dans tous les domaines (social, environnemental, etc...).

Le dogme libéral de la liberté individuelle, notamment, ramène souvent celle-ci à la toute puissance infantile, en débouchant sur un rejet conscient ou inconscient du cadre, donc des règles et des limites, à la fois concrètes et morales.
L'injonction d'être libre induit une confusion entre liberté et anarchie, et une volonté de toute puissance, souvent mal contenue, chez des personnes insuffisamment formées et instruites.

En outre, quand les valeurs économiques et matérielles sont prépondérantes par rapport aux valeurs morales et spirituelles, seuls les plus forts économiquement et socialement, tirent leur épingle du jeu sans trop de soucis. En revanche, le libéralisme est impitoyable pour les faibles et les malchanceux, toujours plus nombreux en l'absence de respect des droits fondamentaux, comme on l'a vu.

En d'autres termes, beaucoup d'indicateurs font penser que la société est schizophrénique du fait de l'exacerbation de ses contradictions et de l'antinomie de ses valeurs, celle-ci se traduisant souvent par une forte ambivalence au niveau individuel, donc par un délitement du lien social, celui-ci n'étant autre que l'amour, sur le plan psychologique.

En ce qui concerne la sexualité, la prise de conscience vers le milieu du XXe siècle, de l'importance de la satisfaction sexuelle, s'est accompagnée de l'exploitation à grande échelle de ce centre d'intérêt, devenu un important secteur d'activité industrielle.
Parallèlement, l'idéologie révolutionnaire et libertaire a été récupérée et engloutie dans les objectifs lucratifs en question.

En d'autres termes, des revues pornographiques aux films X, en passant par les sex-shops, cabarets et clubs de rencontres, tout a été fait pour que les pulsions sexuelles et les moindres désirs, trouvent à être satisfaits immédiatement et d'innombrables manières, ceux-ci étant stimulés par une offre à la fois pléthorique et omniprésente, depuis le développement du web en particulier.

Un fait bien connu des économistes et des publicitaires, est en effet que l'offre crée de la demande dans une certaine mesure, outre qu'elle répond à la demande existante, celle-ci pouvant être amplifiée et manipulée, jusqu'à être dénaturée.

Dans ces conditions, exit les questions sans rapport avec la consommation de plaisirs - toutes catégories confondues - présentée comme naturelle, simple ou allant de soi. Exit également, les interrogations déviant d'un but de gain ou de profit, la satisfaction des besoins réels du public, transformé en clientèle ou en prospects, n'étant pas le sujet.

Ces besoins sont en effet le cadet des soucis d'industriels, cherchant surtout à déclencher des actes d'achat, quittes à s'appuyer uniquement sur des connaissances partielles servant leurs intérêts.
Ainsi, dans les sociétés commerciales, les objectifs de profit dépassent souvent de loin les objectifs de service que les produits ou services proposés sont censés satisfaire.

Dans le domaine de la sexualité, en l'occurrence, le tour de force de la société marchande est de faire passer pour normale et légitime, la consommation débridée de plaisirs érotiques ou pornographiques - qu'il s'agisse de biens ou de services - les envies, fantaisies et moyens financiers des consommateurs-cibles étant les seuls critères pris en compte, et tenus pour importants.

Dans ces conditions où la sexualité est une fin en soi, pour les besoins du marché en question, l'amour et l'érotisme sont réduits à des pratiques sexuelles et à la seule jouissance physique, pour la satisfaction du voyeurisme, du sado-masochisme, etc... bref, de toutes les pulsions puissantes chez les personnes n'ayant pas reçu d'éducation appropriée, ou s'en étant détournées pour des raisons aléatoires, propres au parcours de chacun(e).

En d'autres termes, le culte de la consommation et de l'argent considérés comme principaux objectifs de la vie, altère les pensées et les comportements, en se substituant à la culture, c'est-à-dire à des valeurs opposées à ce culte.

Par suite, la recherche de profit basée sur la consommation de produits et de services, réduit les besoins humains aux actes d'achat correspondants, en accréditant l'idée que seules les réalités physiques et matérielles ont du sens et de la valeur.

Or comme on l'a vu, la culture est un ordre symbolique scindé entre les valeurs du Bien et du Mal, du Bon et du Mauvais, du Positif et du Négatif, etc...
Son but est de permettre à chacun(e) de progresser sur la voie de la connaissance, du bien-être et de l'autonomie, ceci supposant que les besoins fondamentaux soient satisfaits afin de permettre l'évolution des consciences et des comportements, vers de hauts degrés de spiritualité[20].

Au lieu de cela, dans le domaine de la sexualité entre autres, tout est en place pour assurer le règne du prêt-à-consommer et du prêt-à-penser, tandis que la culture est reléguée au second plan, ignorée ou occultée. La réflexion et la pensée sont barrées par des contre-modèles tenant lieu.
La consommation étant l'unique credo d'une société avide de gains, tous les moyens sont bons pour déclencher des actes d'achat, ces passages à l'acte donnant l'illusion de combler des besoins plus complexes que ce que des objets concrets peuvent satisfaire.

Nous faisons l'hypothèse en effet, que cette fuite en avant dans la consommation associée au toujours-plus-de-jouir est une défense ou une compensation permettant de s'étourdir en oubliant notre finitude, entre autres choses.
La non-acceptation de la mort comme seul avenir possible et inéluctable, pourrait bien être un des ressorts essentiels de cette quête effrénée de satisfactions.

---

[20] Spiritualité est ici à entendre au sens laïc du terme.

Dans les conditions évoquées, d'innombrables publicités sont autant d'incitations à prendre part aux (ré)jouissances, un consumérisme ubiquitaire s'étant installé depuis que l'internet leur offre des voies de diffusion illimitées.

En d'autres termes, si le web représente un progrès majeur pour l'accès à la connaissance et à l'information, le revers de la médaille c'est que toutes les errances, perversions et escroqueries, prospèrent aussi sur la toile, contribuant à une déculturation et à un immense bazar où le meilleur côtoie le pire, tout en laissant chacun libre d'apprécier ce qui vaut ou non, en apparence tout au moins.

Comme on l'a évoqué, la liberté n'a pas de sens et produit n'importe quoi, si elle n'est pas accompagnée de l'éducation et de la conscience morale nécessaires, autrement dit respectueuses des droits fondamentaux.
Or, de nombreux subterfuges sont utilisés par les firmes commerciales, pour lever ou contourner les barrières culturelles et morales, de sorte qu'il est de plus en plus important que les internautes soient des citoyens éduqués et responsables.

En effet, dans ces conditions, l'éducation (personnelle, civique, scolaire, sexuelle, etc...) ne peut qu'être mise en difficultés pour constituer un contrepoids suffisant, face au rouleau compresseur de la consommation pour la consommation, et de l'avoir élevé au rang de religion, tout cela masquant et détruisant les besoins de valeurs spirituelles et morales.

L'éducation spirituelle et religieuse, notamment, est en perte de vitesse dans les pays occidentaux, en grande partie pour ces raisons d'économie omnipotente et de matérialisme obsessionnel, envahissant toutes les activités humaines, via une surabondance d'informations, dont beaucoup sont des savoirs de pacotille.

De fait, quand les critères quantitatifs dominent les critères qualitatifs, la porte est ouverte à tout et n'importe quoi, les choses ne manquant pas de dégénérer, comme c'est le cas dans la crise actuelle. En d'autres termes, une société où l'économique domine le politique, est une société qui crée des inégalités insupportables (Paul Ricoeur).

La lecture de romans et d'œuvres littéraires, comme sources d'éducation spirituelle et sentimentale, n'occupe plus non plus la place essentielle qu'elle avait avant le raz de marée numérique, favorisant le développement de conceptions matérialistes et consuméristes de l'amour, en leur faisant une place qui était impensable autrefois, en mettant tout à portée de clic, ce qui court-circuite la réflexion.

Dans ces conditions, de nombreuses personnes suivent les injonctions omniprésentes, et consomment ce qui leur est proposé gratuitement bien souvent, sans soupçonner que ces cadeaux peuvent être empoisonnés.
L'attrait de plaisirs immédiats offerts tous azimuts, fait oublier les aspects rationnels et éthiques de ces situations, et occulte les dangers auxquels cette logique expose.

Que penser, par exemple, de jeunes ou moins jeunes gens ayant pris l'habitude de regarder des films pornographiques sur internet, au lieu d'essayer de faire face à leurs difficultés relationnelles vis à vis de la gent féminine, et se considérant dans l'incapacité d'avoir une vie amoureuse normale ou l'étant réellement ?

Que penser également de la multiplication des sites de rencontres et des soirées dites libertines, où le sexe est consommé au même titre que l'alcool ou tout autre divertissement, et des mentalités des habitués de ces soirées ?

Que penser enfin des nombreux ados et adultes s'adonnant à internet ou aux réseaux sociaux au point de développer une dépendance les empêchant d'avoir d'autres activités et de travailler en particulier ?

Comment ne pas voir que ces prétendues libertés sont de nouvelles formes d'aliénation, construites par la société de consommation ?

Au delà des aspects pathologiques de ces comportements souvent addictifs, l'impression majeure est celle d'une décadence sociale, car ces faits témoignent d'une dégradation des idéaux collectifs au profit des valeurs consuméristes et individualistes de type fast-food ou tout tout de suite, etc...

L'amour romantique, en particulier, a souvent disparu au profit de considérations matérielles et concrètes primant sur les idéaux spirituels, et les détruisant de ce fait. En d'autres termes, toute jouissance légitime et bienfaisante, devient perverse et délétère, ou présente ce risque, si elle est inconsciente des limites nécessaires, de l'éthique devant l'orienter, et des forces contradictoires à l'œuvre dans la vie sociale.

Pour aller plus loin, on observera que le mythe de la liberté individuelle est un mythe d'absence de limites et de toute-puissance des valeurs matérielles, en même temps qu'un cache-sexe des inégalités sociales.

Les jouissances auxquelles invite la société de consommation, montrent en effet aussi sa division en classes ou castes, celles-ci n'ayant pas les mêmes capacités financières, donc les mêmes possibilités ou droits d'accès à ces jouissances.

Une source importante de droits, au sens de capacités, est en effet la situation économique de chacun(e), sans laquelle à l'extrême, le droit de vivre lui-même est remis en question.

Ainsi, l'égalité des droits masque l'inégalité la plus importante de toutes, à savoir l'inégalité sociale entérinée par le droit[21].

En d'autres termes encore, si le droit est le fondement des règles régissant les rapports des hommes en société, celles-ci impliquant une répartition équitable des biens, des prérogatives et des libertés[22], on voit bien que le compte n'y est pas, pour employer un euphémisme.

Au contraire, force est de constater que l'exploitation et la pauvreté des uns sont les raisons essentielles des privilèges parfois démesurés des autres.

Dans ce contexte, les personnes évoquées, vous et moi par exemple, sont les pigeons du consumérisme, pour employer un terme à la mode, c'est-à-dire les victimes du système matérialiste.

Plus précisément, dans certains cas, c'est la conjonction d'une histoire personnelle et d'une expérience offerte à un moment donné, qui donne naissance à des modes de jouir hors normes, pour autant que la personne y trouve des satisfactions substitutives à une vie amoureuse et sexuelle normale, satisfactions qu'elle paye au prix fort, dans tous les sens du terme.

L'offre en question exploite ainsi les fragilités de personnalités qui à un moment donné, voient dans celle-ci une solution et non un nouveau problème, attitude typique dans les addictions. La personne se détourne alors de la

---

[21] A quoi rime en effet l'égalité des droits, quand le droit entérine des inégalités sociales abyssales ?

[22] Définition du Centre National de Ressources Textuelles et Lexicales

recherche de vraies solutions, et est happée pour ainsi dire, dans un système pervers.

Le propre des perversions étant d'appeler bien ce qui est mal (M. Tournier), nous avons bien affaire à un système pervers, substituant aux valeurs universelles, des succédanés vulgaires de ces valeurs, et les faisant passer pour supérieurs.

L'amour transformé en bien de consommation, ou en service comme un autre, devient une pratique sexuelle excluant tout sentiment ou attachement, donc toute valeur spirituelle et morale, le partenaire devenant un instrument de plaisir réduit à son corps physique.

Dans la pornographie, tout se passe en effet comme si les individus étaient décérébrés, en ne possédant que leurs capacités physiques de jouissance.

Des robots de chair déshumanisés, sans histoire, sans personnalité, sans imagination ni fantasmes, livrés à la jouissance exclusive des corps, dans l'immédiateté de leur présence concrète.

Dans ces conditions insensées, le principe est d'offrir en spectacle ou plutôt d'exhiber toutes les expériences possibles, attisant des instincts tels que le voyeurisme, etc.. afin de déclencher des passages à l'acte divers et variés, et surtout des actes d'achat.[23]

La jouissance parait être le but et le moyen de ces expériences, donc le principal critère de valeur des films pornographiques érigeant en même temps leurs acteurs en vedettes, mais en réalité, elle est surtout l'instrument d'une recherche de profit et d'argent facile.

---

[23] Le marché en question se développe manifestement à partir d'offres gratuites amenant ensuite des abonnements, etc..

En d'autres termes, en faisant apparaitre de tels faits comme des valeurs ou des modèles, sous couvert de libertés individuelles, l'économie capitaliste et libérale est bel et bien coupable de tromperie, notamment à l'encontre des publics défavorisés et vulnérables, c'est-à-dire facilement influençables.

L'autorisation de telles pratiques sans régulations ni informations, c'est-à-dire aucune mise en garde des consommateurs, est bien plus incriminable que les individus qui s'y adonnent. Ceux-ci sont en effet victimes d'une organisation sociale dans laquelle tout est en place pour les égarer, ceci allant jusqu'à leur faire perdre le sens de leur humanité.

A cet égard, il est troublant que dans le droit français, les préjudices moraux engendrés par de telles pratiques sont ignorés, la notion de préjudice moral ne s'appliquant que secondairement la plupart du temps, uniquement lorsqu'il y a un préjudice concret chiffrable.

En d'autres termes, la sacro-sainte liberté individuelle placée au dessus de tout quand des intérêts financiers sont en jeu, cache l'indigence morale d'une société feignant d'ignorer que cette liberté peut servir n'importe quel objectif, si elle n'est pas encadrée par des lois reposant sur des choix de valeurs clairs.
En outre, cette conception positive des préjudices moraux - en pleine contradiction avec leur nature - révèle aussi la primauté des valeurs matérielles, tout ceci rappelant que les juristes sont les gardiens de l'hypocrisie sociale (Michel Foucault).

En effet, si pour avoir une réalité, un préjudice moral doit découler d'un préjudice concret chiffrable, auquel il est subordonné pour ainsi dire, l'existence de faits moraux est niée par ce fait, revenant à confondre les deux ordres des choses, en priorisant la matérialité des faits.

Quoi qu'il en soit, en dernière analyse, on ne peut pas s'offusquer d'un côté au sujet des perversions sexuelles, et de l'autre, autoriser des activités commerciales engendrant et alimentant des perversions, ceci revenant à approuver ces dernières.
En d'autres termes, une société a les pervers et les délinquants qu'elle mérite, et encore une fois, on ne peut pas déplorer des effets dont on entretient assidument les causes

Pour finir, il faut dire que si les exemples choisis sont extrêmes, beaucoup d'autres problèmes ont pour dénominateur commun l'irrespect, le mépris, voire la négation de la dignité humaine, la recherche de profit étant supposée tout justifier pour des individus à l'avidité d'autant plus obscène que l'administration laisse faire les choses.

Il s'agit par exemple de la volatilité de relations, amitiés, couples, etc.. qui se font et se défont souvent, au gré des humeurs ou des intérêts du moment, ceci dénotant également une dégradation des valeurs morales et des repères donnant son sens à la notion de lien social.

L'état d'esprit consumériste, intéressé et gestionnaire, contamine ainsi plus ou moins toutes les sphères de la vie, beaucoup de personnes étant perdues parmi des références contradictoires, dont certaines sont de pures impostures, comme le montrent les exaltations, naïvetés et dissimulations des modèles suprémacistes, notamment.

D'un autre côté, étant donné que de nombreuses personnes rencontrent des difficultés liées à la précarisation et à la raréfaction des emplois, il y a là une autre des raisons pour lesquelles les relations (professionnelles, amicales, amoureuses, familiales,...) se sont modifiées au point que certains parlent de délitement du lien social.

En d'autres termes, beaucoup de personnes ont un vécu d'épreuves et de déceptions tel qu'elles vivent au jour le jour, refusant ou évitant toute nouvelle difficulté, et rejetant l'idée de prendre le moindre risque, ceci aboutissant souvent au repli sur soi et à la solitude.

Les rapports sociaux, surtout dans les grandes métropoles, sont des rapports où prudence voire méfiance, sont plus souvent de mise que convivialité, amitié ou amour.

Tout cela pour dire qu'il y aurait besoin de prises de conscience, de réflexion et de changements, pour que les choses s'améliorent, si tant est que ce soit possible.

Remettre l'humain au centre en particulier, contribuerait à rendre leur dignité aux individus et aux relations humaines, car la valeur morale ne peut être remplacée ni par la valeur intelligence (Einstein), ni par la valeur économique ou mathématique, contrairement à ce que le système, ou plutôt ses tendances dominantes, mettent sans cesse en avant.

4.2. Evolution des genres féminin et masculin

L'évolution des genres masculin et féminin est un autre thème devant être abordé, pour comprendre les transformations survenues dans les relations entre les sexes, et par suite, dans les rapports amicaux et amoureux.

Cette évolution est liée à l'accès massif des femmes au marché du travail, à partir de la fin de la seconde guerre mondiale. Ce mouvement s'est accéléré dans les années 1970, signant la fin des Trente Glorieuses. Avant cette époque, beaucoup de femmes mariées travaillaient - au sens de gagner leur vie et d'être indépendantes financièrement - mais cela demeurait un fait minoritaire, car la dépendance vis-à-vis d'un mari et l'autorité de celui-ci, étaient généralement considérées comme allant de soi.

En d'autres termes, le modèle de la femme au foyer se consacrant au ménage et à l'éducation des enfants, en particulier, a longtemps été l'idéal principal de la gent féminine, puis progressivement, les rapports se sont inversés, encore que les conditions de vie amènent toujours de nombreuses femmes à renoncer en tout ou en partie à leur indépendance, dès lors que le couple a des enfants à élever, en particulier.

Quoi qu'il en soit, le travail des femmes comme source de revenus et d'indépendance économique, s'est amplifié sous l'effet conjugué de l'évolution de leurs droits, des savoirs et des technologies, et enfin des nécessités économiques, toutes choses impulsant continuellement des modifications et des remaniements dans les mentalités, sans que cela soit toujours clairement perceptible.

Le droit de vote (1945), la naissance du MLF (1960), le droit à l'interruption de grossesse (1973) et le mouvement planning familial, puis l'égalité dans le travail et les questions concernant la parité hommes/femmes dans diverses instances, furent ou sont encore des étapes importantes de ces remaniements.

Aujourd'hui, le mouvement d'émancipation et d'autonomisation des femmes, répond principalement à la nécessité de plus en plus fréquente pour les couples, d'avoir deux sources de revenus, un seul suffisant rarement pour satisfaire les besoins du ménage.

Simultanément, le besoin d'autonomie et d'indépendance psychologique de chacun des partenaires est devenu prépondérant, même si par ailleurs, un besoin tout aussi important de dépendance continue de fonder le couple.

Les besoins d'indépendance et de dépendance constituent en effet le paradoxe classique de tout couple.

Quoi qu'il en soit, l'autonomie financière et psychologique de chacun des partenaires, s'est imposée progressivement, comme condition sine qua non d'une vie de couple équilibrée, en particulier dans les CSP[24] favorisées, même si cela ne résout pas tous les problèmes.

Comme le disait fort justement Bianca Zazzo, il n'y a pas d'indépendance psychologique, sans indépendance matérielle et financière, la dépendance totale ou partielle de nombreuses femmes, expliquant en grande partie l'infériorisation vécue ou subie par nombre d'entre d'elles, et la fragilité en résultant.

En outre, depuis la fin des trente glorieuses (1975), et plus encore depuis le krach de 2008, beaucoup de personnes connaissent des périodes de chômage et/ou de précarité, donc d'insécurité, représentant autant d'incitations au travail des femmes, alors même que l'accès à un travail convenable est de plus en plus souvent aléatoire pour tous, donc particulièrement pour les catégories défavorisées en regard de l'emploi, à savoir les femmes et les jeunes.

Comme conséquence de l'indépendance féminine voulue et choisie, des revendications d'égalité entre les sexes, et enfin de l'insécurité évoquée, les rapports hommes-femmes se sont profondément modifiés.

---

[24] Catégories Socio-Professionnelles

Dans ces rapports, l'individualisme est devenu parfois extrême également, impactant ainsi l'évolution globale de la société.

Autrement dit, les modifications des rapports hommes/femmes sont symptomatiques des changements intervenus dans les relations sociales en général, et chez de nombreux individus.

L'explosion du nombre de foyers monoparentaux et des célibataires, donc de personnes vivant seules, traduit dans les faits les changements des mentalités.

En d'autres termes, les besoins d'émancipation et d'autonomisation des femmes se sont accompagnés de besoins symétriques d'émancipation et d'autonomisation chez de nombreux hommes, c'est-à-dire de désengagement vis-à-vis du couple et du sexe opposé.

Ce mouvement de libération des mœurs a par ailleurs renforcé les revendications de liberté sexuelle, tandis que sous l'effet du développement économique et technologique - donc d'une profusion d'offres commerciales engendrant des besoins souvent artificiels - les ressources matérielles et financières sont devenues essentielles pour le bien-être et la réalisation de chacun(e).

Toutes les conditions sont ainsi réunies pour que, à tort ou à raison, un puissant désir de liberté prédomine dans de nombreux cas, ceci se traduisant par une absence d'engagement, voire par une volonté de non-attachement, et par un refus de toute entrave.

Autrement dit, un souci de protection personnelle contre les aléas et les contraintes de la vie commune, voire de toute relation, est devenu prépondérant chez certains.

Ainsi, de plus en plus souvent, hommes et femmes se contentent d'être partenaires, et non plus mari et femme, concubins ou en union libre.

Le besoin d'amour et de dépendance affective est souvent réduit à sa plus simple expression, c'est-à-dire à des entrevues plus ou moins longues, en temps choisi quand chacun en a envie, tout vivant chacun chez soi par ailleurs.

Ces changements touchent surtout des fractions de population urbaine sédentaire, installées en ville par choix et dans la durée, à la différence de celles y résidant de manière non choisie et souvent transitoire.

Néanmoins donc, malgré l'importance de ces changements, les idées, croyances et valeurs traditionnelles demeurent en phase avec les besoins de nombreuses personnes.

On a toutefois affaire à des tendances de plus ou moins grande amplitude, touchant particulièrement certaines catégories sociales et tranches d'âge, les phénomènes vivants étant toujours à la fois dynamiques, composites et multiples.

Il en va ainsi des paradigmes de pensée déterminant les choix de vie, en particulier.

En tout état de cause, dans les conditions venant d'être évoquées, le masculin n'a plus la prédominance d'autrefois, et la répartition des rôles masculins et féminins a évolué, entrainant des changements dans les représentations des genres.

En d'autres termes, du domaine du travail au mariage homosexuel, en passant par la robotisation et la FIV, l'homme n'est souvent plus indispensable pour la femme, et vice-versa, et le couple n'est plus vu comme le seul avenir individuel, d'où l'atomisation de la société représentée par la monoparentalité et le célibat, concernant un nombre croissant de personnes.

Plus concrètement, selon une étude de l'Insee parue en janvier 2013, 51% des habitants de Paris sont déclarés comme célibataires, cette proportion étant stable depuis les années 1990.
En Ile-de-France, la moyenne est de 42,4%, contre 37,5% en France.
En outre, fait relativement nouveau, un nombre important de personnes se déclarent en couple, tout en vivant seules (14,2%).

Par conséquent, même si les sociétés demeurent majoritairement patriarcales et si les coutumes évoluent lentement au niveau mondial, les rapports hommes-femmes ont beaucoup changé dans les démocraties occidentales, via les modèles du féminin et du masculin.

Les rôles de l'homme et de la femme dans la société, comme au sein de la famille et du couple, ont évolué au point que globalement, les hommes et les femmes exercent aujourd'hui - ou sont en mesure d'exercer - des fonctions de plus en plus similaires, ou de moins en moins différenciées, que par le passé.
Cette moindre complémentarité et cette plus grande substituabilité réduisent les gains attendus de la vie à deux, selon l'INSEE, ceci expliquant en partie l'importance du nombre des célibataires.

En d'autres termes, même si les anciens modèles survivent dans certains milieux et certaines familles, dans d'autres, il y a une évolution des places et des rôles, ainsi que des prérogatives de chacun des sexes, particulièrement dans les milieux favorisés.

La domination de l'homme dans les prises de décisions importantes, notamment, est souvent remise en question, invalidée ou rejetée, dans de nombreux couples.

Le principe d'égalité des conjoints tend à s'appliquer automatiquement, et au moins à chaque fois que c'est possible, la vigilance des partenaires étant accrue sur ce point.

Plus concrètement, la recherche d'une juste répartition des tâches et des rôles est devenue un thème important, voire essentiel, pour la construction et la pérennisation de nombreux couples.

Il résulte de tout cela certains avantages, mais aussi des inconvénients.

Les remaniements en question ont amené de nombreuses confusions et interrogations, les femmes autant que les hommes, ayant souvent du mal à se situer vis à vis des modèles anciens et nouveaux, c'est-à-dire à se positionner sur tel ou tel sujet, savoir quoi faire et comment faire vis-à-vis de tel ou tel problème, ou comment trancher entre des avis opposés, voire contradictoires.

De nombreuses actions considérées jadis comme allant de soi, ne semblent plus évidentes, alors même que le besoin d'entente et d'harmonie, quant à lui, tend à augmenter, quand il ne constitue pas une condition sine qua non pour le couple.

Les difficultés sont parfois d'autant plus importantes que l'éducation de chacun des partenaires ne les a pas préparés à faire face à l'évolution en question et à assumer les remises en questions engendrées par cette évolution, dans leur vie personnelle.

En outre, les parents des partenaires, lorsqu'ils sont consultés ou lorsqu'ils interviennent dans les rapports des jeunes couples, sont souvent dépassés par la situation, le fossé des générations se faisant durement sentir.

Pour ces raisons, de nombreuses revendications à l'intérieur des couples ne sont pas entendues par l'un ou l'autre des partenaires, ou bien mettent rudement à l'épreuve la capacité de chacun à établir des compromis, a fortiori quand le couple ne bénéficie d'aucune aide extérieure ou médiation appropriée.

A une époque où les valeurs et les repères traditionnels sont battus en brèche par une multiplicité de modèles - dont les faux-semblants évoqués - les mésententes et conflits de couples sont d'autant plus fréquents que l'indépendance de chaque partenaire permet à chacun d'eux de s'exprimer et d'agir plus librement, mais encore d'être plus exigeant, ce qui n'était pas le cas auparavant.

Pour prendre un exemple trivial, allez donc faire comprendre à un homme qui n'a jamais tenu un fer à repasser, parce que sa mère s'est toujours occupée de cette tâche, qu'il faudrait qu'il s'y mette pour le plus grand bien du couple !
Cette problématique peut paraitre dépassée à beaucoup, tout en étant pleinement d'actualité pour d'autres. De plus, elle est symbolique de bien d'autres cas et situations.

Tout cela est souvent avéré également dans le domaine du travail, où les anciens modèles concernant les places, rôles et prérogatives des femmes, peinent à s'effacer au profit des nouveaux, et coexistent souvent tant bien que mal, mais plutôt mal que bien, avec les plus récents.

Autrement dit, le droit du travail a beau avoir évolué, il n'en demeure pas moins très imparfait et laisse souvent toute latitude au chef d'entreprise, pour faire ce que bon lui semble et non pas ce qu'une juste et honnête vision des choses, impliquerait qu'il fasse.

Il y a de nombreux interstices en effet, entre les règles de droit et la manière dont elles sont appliquées, quand elles ne sont pas clairement transgressées, par simple abus de pouvoir et de faiblesse des subordonnés.

En d'autres termes, quelle que soit la sphère de vie - personnelle ou professionnelle - le poids des traditions, habitudes et schémas mentaux, est souvent tel que les meilleures méthodes pédagogiques ou thérapeutiques, sont impuissantes pour produire des changements qui seraient pourtant nécessaires, voire indispensables.

Dans de nombreux cas, en effet, seuls des renforcements ou des changements de législation pourraient faire bouger les lignes et évoluer les mentalités, même si les lois et réglementations font toujours l'objet de contournements et de transgressions diverses et variées, elles aussi.

Autrement dit encore, tout changement nécessite une prise de conscience de sa nécessité et une démarche volontaire de la personne concernée, ne s'obtenant ni sur simple demande, ni sur injonction.

En effet, dans de nombreux cas, les personnes ne voient pas ou ne veulent pas voir la nécessité d'un changement.

Au contraire, les défenses et résistances sont souvent telles que les difficultés perdurent, avec le risque d'aboutir à la rupture de la relation ou du contrat entre les personnes.

Enfin, même lorsqu'une personne veut changer des choses en elle-même, il y a parfois des résistances conscientes et inconscientes au changement, qu'un travail psychologique peut permettre de surmonter, sans qu'il y ait toutefois de garanties a priori.

Un psychologue ou un coach digne de ce nom, ne peut en aucun cas promettre ou garantir des résultats ne pouvant apparaitre qu'au terme d'un travail, sans qu'il puisse en aucun cas les prédire à 100%. De ce point de vue, un professionnel authentique n'est ni un voyant ni un charlatan.

Tout cela amène à dire que dans de nombreux cas, les rapports de pouvoir entre les sexes, comme entre individus du même sexe, ne sont pas aisés ni simples à gérer, que ce soit au travail, en famille ou dans le couple.

La transformation de ces rapports dans le sens d'une plus grande équité ou harmonie, est en fait souvent difficile, et parfois impossible à obtenir, y compris quand les personnes sont volontaires pour changer.

Dans ce qui précède, on voit à nouveau que le pouvoir et l'amour spirituel - traduisant le besoin d'union et de lien social - sont liés. Tout désir est désir de pouvoir mais le désir d'aimer et d'être aimé(e), s'oppose parfois au narcissisme primaire, comme on l'a vu.

Cela signifie notamment que pour aimer et être aimé, chacun(e) fait nécessairement l'expérience de la castration, c'est-à-dire du renoncement ou de la perte de certains avantages particuliers.

C'est dans ce sens qu'on parle de transactions, toute relation consistant en des échanges visant à satisfaire les besoins de chacun des partenaires, la satisfaction totale n'étant pas atteignable en matière de désir.

Par suite, c'est dans la relation entre soi et l'autre qu'apparait la nécessité de la loi départageant l'un et l'autre, pour permettre le vivre ensemble en bons termes (ou dans les moins mauvais).

On retrouve ici l'idée que l'amour contient des ressorts d'agressivité. En effet, la volonté de maîtriser l'objet au sens d'en disposer à sa guise, relève du narcissisme primaire et est difficilement surmontable par l'éducation, bien que ce soit un enjeu important de celle-ci.

Cette intention remarquablement bien perçue par Freud, n'a évidemment pas grand chose à voir avec les théories à l'eau de rose sur l'amour.

Pour autant donc, les partenaires ne sauraient se soustraire aux nécessaires confrontations et compromis entre proches comme avec d'autres personnes, parce que les humains sont des êtres sociaux et parce que tout désir est fondamentalement un désir de pouvoir, comme on l'a dit.

Ceci explique qu'ils rencontrent de manière récurrente, des difficultés avec ce pouvoir, tout le problème étant de trouver des solutions équilibrées ou des réponses adaptées à ces difficultés, autrement dit de les gérer.

4.3. Quid de l'amour

4.3.a. Au niveau sociologique

Comme on l'aura compris dans ce qui précède, les relations sociales, amicales et amoureuses, ou prétendues telles, sont diverses et variées, tant dans leurs formes que sur le fond.
C'est d'autant plus vrai quand l'amour est pris au sens large, en commençant par le lien social, la famille humaine devant être en mesure de comprendre ce qui unit ses membres,

autant que ce qui les désunit, afin d'expliquer les faits et les choses.

A cet égard, beaucoup ont pris l'habitude, à tort, d'envisager les relations de travail par exemple, comme ne relevant pas de la sphère personnelle, et n'ayant pas les mêmes enjeux.
Ces découpages sémantiques renvoient à des questions d'ordre administratif et politique, bien plus qu'à des problématiques psychologiques.

La croyance consistant par exemple à penser que le fait de payer un service ou un bien - sous forme de salaire, honoraire, etc.. - libère les personnes de toute autre forme de reconnaissance, ou obligation morale, est inadaptée et pernicieuse.
En effet, ce genre de croyance sert des buts injustifiés, revenant à décharger les personnes de leurs responsabilités, et ainsi à occulter les enjeux psychologiques et moraux de toute relation.

Dans le même sens, des abstractions telles que salaires, honoraires, etc.., bref, toute la syntaxe décrivant les réalités économiques notamment, ne doit pas occulter que ce sont des humains qui les construisent et les actionnent.
La crise, par exemple, n'a rien à dire sur elle-même. Elle est le résultat d'activités humaines et des liens, c'est-à-dire des rapports que les humains établissent entre eux.
Autrement dit, le langage et les mots ne doivent pas masquer des réalités plus profondes et essentielles, que ce dont ils traitent en apparence ou superficiellement.

On verra bien ainsi que les mots amitié et amour sont des mots-valises, recouvrant des réalités, des expériences et des exigences diversifiées, quel que soit le domaine de leur utilisation.

Cela dit, chacun(e) peut en principe trouver les formes verbales convenant à son expérience personnelle, parmi les modèles existants, ou bien inventer des formules suivant les déterminations faisant partie de son histoire, de ses goûts et de son imagination.

Des modèles classiques plus ou moins romantiques de l'amitié ou de l'amour, à ceux dits libérés et à l'extrême, libertins pour les pratiques sexuelles, il y en a en effet pour tout le monde, l'important étant que chacun(e) fasse les expériences lui convenant, dans le respect des règles morales et civiques, c'est-à-dire des personnes, en commençant par sa propre personnalité.

Cela doit être souligné car dans des rencontres débouchant sur des fréquentations, des phénomènes d'influence peuvent entrainer une personne dans des expériences imprévues et indésirables.
D'où l'intérêt de se connaitre soi-même, autrui et le monde extérieur, pour mener à bien de petits ou grands projets, tout cela supposant aussi, entre autres choses, de savoir clairement quelles valeurs doivent nous guider.

On en revient ici à l'importance de l'éducation, des modèles parentaux et sociaux, et aussi de la formation personnelle le cas échéant, chacun de ces paramètres concourant à la construction de la personnalité, et contenant des facteurs pathogènes, potentiellement ou réellement.

En tout état de cause, s'agissant des comportements sexuels entre adultes consentants, il n'y a aucune raison légitime a priori, de juger ou de condamner les personnes concernées, d'autant plus que comme on l'a expliqué, elles sont en grande partie victimes d'un système pervers, exploitant ou laissant exploiter la sexualité comme source de profit.

Cette exploitation débouche sur l'étalage de pratiques perverses, constituant autant d'incitations dans ce sens.

Cela dit, il convient étudier les situations au cas par cas, car certaines personnes peuvent être des victimes consentantes de maltraitance sexuelle, sans en avoir conscience, par exemple, ce qui complique les choses.

En outre, il est important de différencier un système de valeurs personnel de ce qui est moralement ou juridiquement condamnable, du point de vue de la collectivité et des valeurs communément admises.

Une capacité de s'excentrer pour comprendre des comportements d'autrui[25], en tenant compte des libertés individuelles, est en effet souhaitable.

Il en va ainsi pour la reconnaissance de l'homosexualité et du droit au mariage homosexuel, en particulier, les récents évènements - légalisation du mariage homosexuel - amenant à souligner ce qui devrait être une évidence pour tous, au lieu de donner lieu à une manif pour tous.

Il est frappant en effet de constater la pugnacité et l'acharnement avec lequel les anti-mariage-pour-tous entendent combattre des mœurs qui ne sont pas les leurs, par tous les moyens, preuve s'il en est que l'acceptation et le respect de l'altérité sont encore loin d'avoir atteint le niveau nécessaire chez beaucoup, et de la fragilité du lien social.

Pourtant, les connaissances scientifiques concernant l'homosexualité sont sans appel quant à la nécessaire reconnaissance de celle-ci.

C'est l'occasion d'en revenir à la face obscure de l'amour - ou revers de la médaille - à savoir le narcissisme primaire et la haine corrélative envers tout ce qui n'est pas soi.

---

[25] Précisons que comprendre ne signifie pas approuver.

Ce narcissisme se manifeste parfois de manière collective, quand des thèmes précis réunissent de nombreux individus sur des positions communes, témoignant d'une pensée unique et sectaire.

Les individualismes narcissiques se rejoignent alors dans des mouvements collectifs de bouc-émissarisation, les protagonistes ayant l'impérieux besoin de désigner un ennemi extérieur, pour ne pas voir ce qui se passe en eux et pour conjurer le mal, identifié à l'autre.

Ces manifestations ne sont au demeurant que l'expression collective et publique de pulsions se manifestant aussi à l'intérieur des familles.

De nombreuses personnes homosexuelles redoutent en effet d'être prises à parti par un ou plusieurs membres de leur propre famille, ou d'être rejetées si elles révèlent leur homosexualité, au point que ce peut être une hantise, s'accompagnant d'angoisse et d'autres troubles psychologiques.

Les modèles de l'amour et des relations conjugales, ainsi que les valeurs et croyances attachées à ceux-ci, peuvent en effet donner lieu à des conflits psychiques et/ou physiques, d'autant plus violents que les personnes ont des modes primaires de fonctionnement et de défenses.

Ces personnes ont des préjugés, des croyances fausses ou inappropriées à ce que les connaissances scientifiques mettent en lumière.

N'ayant aucune connaissance sérieuse de ces questions, ni fait de travail sur elles-mêmes, elles ne disposent pas des savoirs permettant une meilleure connaissance et acceptation de soi et d'autrui.

Par conséquent de tout ce qui précède, si chacun(e) peut en principe trouver ce qu'il (elle) cherche, en matière d'expériences et de vécu amical ou amoureux, c'est à cela près que les histoires personnelles déterminent les personnalités, les valeurs et les goûts, et par suite les choix, décisions et comportements de chacun(e), de manière très différente suivant les cas.

On en revient ainsi à l'idée que la part de choix ou de liberté, au sens propre des termes, intervenant dans les comportements et décisions de chacun(e), est relative, notamment du fait de l'éducation et de l'instruction personnelles, de sorte qu'il s'agit ni de la sous-estimer, ni de la surestimer.

C'est la principale raison pour laquelle tout n'est pas possible pour une personne donnée, ceci ne voulant pas dire, bien entendu, que rien n'est possible. Cependant, il ne suffit pas de vouloir pour pouvoir, contrairement à ce que répètent, naïvement ou à dessein, des idéologies obscurantistes se présentant comme des méthodes de développement personnel.

Tout le problème est au contraire fréquemment, de parvenir à faire la part des choses entre ce qui est possible et ce qui ne l'est pas, entre les facteurs intérieurs et extérieurs, etc..., car tout ne dépend pas de la seule volonté personnelle, contrairement à ce que suggèrent des charlatans et autres marchands de bonheur.

En tout état de cause, l'homosexualité est un bon exemple de l'intrication des facteurs à la fois sociaux, familiaux et individuels, dans le vécu et l'assomption d'une trajectoire faite en partie de choix, mais aussi de déterminismes ne dépendant pas des personnes concernées.

4.3.b. Au niveau individuel

Dans les conditions venant d'être décrites, il est important que chacun(e) connaisse au mieux ses besoins, désirs et objectifs, en matière de relations et de projets amoureux.

En effet, quel que soit le domaine, plus un projet est clair, plus il a de chances d'aboutir, ceci ne voulant pas dire qu'il doit être rigide ou fixé une fois pour toutes, mais que plus la conscience des enjeux et des buts est grande, moins il y a de risques de se tromper ou d'échouer.

C'est l'intérêt de toute connaissance authentique, celle-ci pouvant passer par un réel travail pour mieux se connaitre soi-même, autrui et le monde extérieur, que ce soit de manière informative, éducative, préventive ou curative.

A l'heure actuelle, en effet, la multiplicité des contacts et des rencontres possibles, via l'internet en particulier, induit l'exigence de précautions et de prudence, une personne pouvant facilement être entrainée dans une relation ou une histoire sentimentale lui occasionnant souffrances et déceptions.

Tout cela bien souvent, faute de s'être laissée séduire, sous l'effet de besoins affectifs pressants, et de ne pas avoir pris le temps de connaitre suffisamment le partenaire, ou encore de ne pas bien savoir qui elle voudrait ou aurait besoin de rencontrer.

La clinique montre en effet que les besoins affectifs conjugués avec la libération des mœurs au sens vu plus haut, d'une part, et avec le développement technologique, d'autre part, donne souvent lieu à des rencontres qui n'auraient pas du advenir, si la personne avait été suffisamment informée dès le départ, à propos d'elle-même et d'autrui, c'est-à-dire du (de la) partenaire souhaité(e).

Se connaître soi-même - conditionnements, valeurs, etc... - autrui et le monde dans lequel on vit - quid de l'altérité – semble donc indispensable pour éviter pertes de temps, souffrances et échecs pouvant laisser des séquelles durables.

Comme on l'a évoqué, sous prétexte de liberté, de nombreux hommes cherchent des rencontres d'un soir notamment, ou collectionnent les maitresses, sans jamais dévoiler leurs vraies motivations à leurs partenaires, ni la réalité de leurs nombreuses aventures ou fréquentations.

Ces messieurs se comportent ainsi comme des abuseurs sexuels, prédateurs incapables d'empathie et de sentiments réels. Pour diverses raisons qu'ils estiment légitimes, ils recherchent leur jouissance ou satisfaction personnelle au détriment de leurs partenaires, qui sont en fait des victimes naïves.

De plus, ces personnages ont toujours de soi-disant bonnes raisons de ne pas faire ce que la normalité et le savoir-être supposeraient qu'ils fassent.

Leurs capacités de rationalisation sont souvent importantes et surtout, ils profitent du fait que leurs partenaires ne s'attendant pas à leurs comportements, sont prises au dépourvu donc incapables de réagir et de déjouer le piège assez rapidement.

Quelles que soient les motivations de leurs comportements se trouvant dans leur histoire, l'incapacité de ces hommes à se mettre à la place de l'autre, et de traiter leurs partenaires autrement que comme des objets, leur légèreté et leur inconséquence relationnelle, leur valent le qualificatif de pervers narcissiques

157

En d'autres termes, de nombreux individus ont des problématiques compliquées et des personnalités déséquilibrées sur le plan affectif relationnel, en dépit d'ailleurs parfois d'un statut socioprofessionnel élevé.

Ainsi, sous des apparences respectables, ils présentent des traits de personnalité sadiques – conscients ou non - la violence symbolique de leurs comportements étant à la fois cruelle et redoutable.

Qu'ils n'aient jamais surmonté la haine archaïque, ou qu'ils aient régressé du fait de déboires amoureux ou d'autres épreuves, ils en sont arrivés à s'isoler affectivement et à refuser d'aimer qui que ce soit, quand il ne s'agit pas d'une incapacité indépendante de leur volonté consciente.

Tout cela rappelle à nouveau Freud, disant qu'on ne devient pas pervers, mais qu'on le demeure. Cela étant, il existe apparemment aussi des cas de régression vers des modes archaïques de fonctionnement.

En tout état de cause, ces individus masculins en l'occurrence, sont incapables d'établir une relation équilibrée et épanouissante avec une partenaire. Ils sont affectés de pathologies rendant déconseillable leur rencontre. On parle parfois des perversions narcissiques, en les assimilant à des psychoses blanches, c'est-à-dire sans symptômes.

Ce sont les raisons pour lesquelles les femmes devraient être bien informées de ces réalités, donc des risques qu'elles prennent dans certains cas, afin d'éviter ces rencontres, ceci supposant une anticipation.

Tout cela étant, des hommes sont parfois aussi victimes de femmes perverses, mais c'est moins fréquent et cela ne prend pas les formes extrêmes évoquées ici. Il n'y a pas d'équivalents féminins de ces individus, ceci tendant à montrer que l'instinct de conquête et de jouissance en question, est un attribut spécifiquement masculin, même s'il ne se trouve que chez une minorité d'hommes, à l'état décrit plus haut.

On sait en tout cas que l'efficacité des attaques perverses tient au fait que les victimes et observateurs extérieurs n'imaginent pas qu'on puisse être à ce point dépourvu de sollicitude ou de compassion devant la souffrance de l'autre. Or il s'agit bien d'attaques perverses, prenant les apparences de la séduction et de l'amour.

Par ailleurs, en écoutant des histoires de vie, on se rend compte que de nombreuses femmes connaissent des échecs répétés, la facilité à faire des rencontres ne préjugeant en rien de leur qualité, y compris quand les apparences sont favorables.
Tout au contraire, le revers de cette facilité, c'est que plus les possibilités de rencontres sont nombreuses, plus les risques d'échec le sont aussi.
Quittes à se répéter, on ne saurait donc trop recommander aux personnes utilisant les moyens modernes de rencontre, mais aussi des moyens classiques, d'être prudentes, de s'informer et de faire un travail sur elles-mêmes, le cas échéant, pour mieux conduire leur vie et se protéger.

La naïveté - au sens d'une ignorance ou d'un non-savoir - est à proscrire, en particulier, car le meilleur côtoie le pire, même si beaucoup de personnes ont du mal à le croire, par manque d'expérience et de connaissances, la plupart du temps.
Or, pour faire face à la réalité, il est dangereux de croire que la vie est un jardin de roses, un monde de bisounours, ou que les malheurs n'arrivent qu'aux autres.

Il faut savoir au contraire que dans ce domaine, comme dans d'autres, il est plus facile de se retrouver dans des difficultés que de suivre le bon chemin. C'est pourquoi l'information et la prévention sont essentielles.

C'est aussi pourquoi ce livre ne vise pas seulement à expliquer l'amour et la vie affective.

C'est un plaidoyer pour la connaissance de soi et d'autrui, et pour le travail sur soi, permettant de se prémunir, contre de nombreux aléas.

Tout cela est d'autant plus important que les chagrins d'amour engendrent souvent les pires souffrances, et sont les plus dangereux par conséquent.

Le nombre d'avenirs ou de vies brisées en raison d'une ou plusieurs déceptions amoureuses, ou d'une ou plusieurs expériences traumatiques dans ce domaine, est en effet incalculable, assurément.

C'est pourquoi encore une fois, nous voulons insister sur le fait qu'avant de s'engager dans une relation, il vaut mieux prendre le temps de se connaitre et de connaitre l'autre, quitte à passer pour quelqu'un de ringard ou vieux jeu.

C'est en tout cas ce que la clinique amène régulièrement à conclure.

5. Histoires d'amour, histoires de vies

5.1. Abdel

Abdel a découvert son homosexualité très tôt. C'est un jeune homme beur d'une trentaine d'années, fils d'un père marocain de religion musulmane, et d'une mère française de religion catholique.

Durant toute son enfance, il a connu sa mère malade. Elle était atteinte d'une maladie dégénérative et alitée la plus grande partie du temps.
Cette mère à la fois présente et absente, a de ce fait manqué à son rôle d'étayage, de support et d'identification, du point de vue des apports affectifs, et aussi des valeurs et des qualités auxquelles son fils aurait pu s'identifier, si elle avait été en bonne santé, toutes choses qu'il aurait pu plus tard rechercher chez une femme, le cas échéant.

On sait en effet que tout homme recherche plus ou moins sa mère, entre autres choses, chez sa femme ou sa compagne, ou du moins une image idéalisée de celle-ci, faisant partie de l'héritage familial. Mais il n'y a rien de tout cela dans le vécu et la conscience de ce jeune homme.

En fait, Abdel a très peu de souvenirs de sa relation avec sa mère, qu'il décrit comme une femme malade, impotente, incapable de faire face aux nécessités de la vie, et de remplir son rôle affectif et éducatif de mère.
En revanche, il se souvient bien des mauvais traitements lui ayant été infligés par ses tantes, deux femmes qui venaient aider régulièrement au domicile de ses parents, et

remplaçaient ainsi leur soeur handicapée, dans les tâches ménagères en particulier.

La perversité de ces femmes qui le traitaient régulièrement d'arabe bon à rien, tout en ne lui témoignant d'aucune affection par ailleurs, est restée gravée dans la mémoire d'Abdel.
Ce vécu ne lui a pas permis de construire une image positive et valorisante de lui-même, mais surtout des femmes, ni d'éprouver aucune attirance pour elles.

On comprend en fait que dès le plus jeune âge, il n'a pu apprendre à aimer aucune d'elles, au sens où elles auraient pu devenir un objet de désir à la fois psychique, physique et sexuel, par la suite.
Tout au contraire, les souffrances et les carences affectives dues aux femmes qu'il a connues, ont engendré un vide d'identification féminine et de désir pour celles-ci, en même temps qu'une moindre estime de lui-même.

Aucune femme à part sa grand-mère, ne lui ayant jamais apporté d'affection, il n'en a jamais éprouvé en retour pour aucune, si ce n'est pour cette grand-mère maternelle qu'il voyait surtout comme une sauveuse, quelqu'un lui ayant évité de sombrer dans la folie, par la sollicitude qu'elle lui avait témoigné, quand ils se voyaient.

Un autre problème résidait dans le fait que cette grand-mère subissait elle aussi les mauvais comportements de ses filles à qui elle n'osait adresser aucune critique ni aucun reproche. Sa douceur et son effacement excessif face à celles-ci, leur laissait le champ libre pour maltraiter Abdel.

Dans ces conditions, les carences affectives et la maltraitance ont aussi engendré un important déficit de confiance en soi chez ce garçon, qui pour cette raison entre autres, n'a pas fait une bonne scolarité, et a travaillé par la suite assez tôt, dans la Sécurité.

Il faut ajouter à cela qu'Abdel vivait dans un milieu social peu favorisé. Son père n'avait pas fait d'études et était un ouvrier autodidacte, qui cachait sous des apparences compensatrices mais trompeuses, un fort complexe d'infériorité sociale.

Abdel correspondait ainsi au cas général de nombreux jeunes ne recevant pas de leur milieu social, les motivations et les stimulations nécessaires pour aimer l'école et les études, afin de réussir leur scolarité et pouvoir monter dans l'échelle sociale.
Les modèles parentaux de ces jeunes étant souvent déficitaires culturellement, ils sont maintenus dans le statu quo, voire tirés vers le bas quand s'ajoutent des difficultés personnelles ou familiales importantes, à l'appartenance sociale en question.

En tout état de cause, dans les conditions venant d'être abordées, Abdel a ressenti très tôt des désirs pour des camarades de son sexe. Ces pulsions se sont manifestées spontanément vers l'âge de 12-13 ans, dans des relations amicales avec des jeunes des cités de banlieue où il a longtemps vécu.

Il a d'abord accepté ce qui se passait en lui, sans n'y voir aucune difficulté, mais seulement des moments d'intense excitation, de plaisir et d'amusement.
Cependant au fil du temps, ces tendances ne disparaissant pas, c'est devenu une obsession à partir du moment où s'étant informé sur l'homosexualité, il s'est rendu compte de sa dimension sociale et des problèmes rencontrés par de nombreux homosexuels, à une époque où c'était encore un fait marginal, pas assez reconnu socialement.

De plus, il avait pris conscience qu'il ne pouvait pas aborder ce sujet avec son père et son frère, qui avaient des idées rétrogrades dans ce domaine, le secret en question renforçant ses difficultés et ses craintes.

Au fil du temps, il en est ensuite arrivé à développer une phobie que ce secret soit découvert. Il se sentait épié et angoissé, au moindre indice ou incident, potentiellement révélateur.

Ainsi, il était empêtré dans cette problématique qu'il ne savait comment gérer et assumer, pas plus qu'il ne se sentait capable de donner le change.

La situation était d'autant plus difficile que dans son milieu professionnel, l'homosexualité était majoritairement un tabou, voire un sujet d'opprobre.

Les métiers de la Sécurité sont en effet des métiers majoritairement masculins, où les attributs virils prédominent parfois jusqu'à la caricature, toute forme de faiblesse ou de fragilité étant radicalement exclue et condamnée.

L'homosexualité en particulier, symbolise une féminité et des actes contre-nature, à la fois rabaissants et dégradants du point de vue des symboles virils et machistes. C'est pourquoi elle est très mal considérée.

Pour toutes ces raison, Abdel souffrait de cette chose qui faisait partie de lui et l'embarrassait, tout en mettant cela en lien avec sa filiation arabe, qui selon lui n'était pas reconnue, ce qui représentait une autre partie importante du problème.

En d'autres termes, il ne parvenait pas à intégrer cette partie de lui-même qui revendiquait sa reconnaissance de mille manières directes ou détournées, mais bien réelles.

Les pulsions homosexuelles ressenties par Abdel, étaient intervenues dans un contexte où son père et son frère jouaient des rôles importants pour diverses raisons.

La plus importante c'était qu'Abdel était le petit dernier, pour qui le grand frère et le père étaient des repères essentiels d'identité, des modèles symboliques de puissance et des guides à beaucoup d'égards, même s'il avait acquis un regard critique sur eux en grandissant.

C'était d'autant plus le cas que ce père et ce frère avaient des personnalités un peu mégalomaniaques et mythomanes, compensant des carences narcissiques en rapport avec leur histoire à la fois personnelle, familiale et sociale.

Son père en particulier s'était construit une identité d'emprunt dans laquelle il était français.
Il avait toujours renié ses origines libanaises et sa religion, ce qui choquait beaucoup Abdel, on verra pourquoi.
Un des symptômes de ce reniement consistait à porter un prénom français. Un autre résidait dans le culte du rêve américain et de tout ce qui se rattache à ce mythe, dont l'argent, les voitures de luxe, etc...
Ainsi, il racontait à qui voulait l'entendre qu'il gagnait très bien sa vie, en étant chauffeur de maitre, les valeurs matérielles et financières étant ainsi clairement priorisées.

Dans ce même ordre d'idées, son frère ne tarissait pas sur ses succès imaginaires dans le travail et dans la vie privée, comme pour pallier aux déficits réels subis dans ces registres, car Abdel savait que tout n'était pas rose, bien au contraire.
Son frère alternait des périodes de travail et de chômage, sans qu'Abdel sache précisément quel était son métier.

De plus, il savait que l'ex-épouse de son frère avait engagé une procédure pour la pension alimentaire de leurs deux enfants. Bref, rien de réjouissant.

Pour autant, Abdel n'en était pas moins imprégné également de souvenirs et d'expériences où son père et son frère jouaient clairement des rôles de modèles.
Les deux hommes s'étaient toujours occupés des affaires d'Abdel, en lui prodiguant conseils et recommandations, ou au contraire critiques et réprimandes, afin d'exercer ce qu'ils estimaient être leurs responsabilités éducatives.
Tout cela étant, leurs interventions perduraient malgré le départ d'Abdel du domicile paternel et étaient devenues autant d'occasions de montrer leur supériorité et leur pouvoir.

Ces modèles d'identification masculins ont nécessairement contribué au développement des tendances homosexuelles d'Abdel, tandis que les tendances hétérosexuelles ont été contrariées, voire bloquées, pour les raisons qu'on a vues.
Le développement de l'hétérosexualité nécessite notamment en effet, que des objets d'amour hétérosexuel jouent un rôle important dès le plus jeune âge, ce qui n'était pas le cas pour Abdel.

Chez ce garçon, les hommes occupaient pratiquement toute la place réservée aux relations d'objet, car ils ont été les seuls objets d'amour accessibles, dans le contexte évoqué.
A cela se sont ajoutées des expériences particulières, comme le jour où pendant des vacances, Abdel eut l'occasion de visiter un établissement au Liban, dans lequel un salon au sol recouvert de tapis, était réservé aux hommes devant se déchausser pour entrer dans cette pièce qui était un fumoir.

Le jeune garçon fut à l'évidence très ému et fasciné de découvrir ce lieu évoquant une intimité partagée entre des hommes de son pays d'origine paternelle, au point que les questions concernant l'origine de son homosexualité convoquaient ce souvenir parmi d'autres, sans qu'il puisse détailler les fantasmes que cette scène avait fait surgir.

Néanmoins, il rattachait son homosexualité au reniement paternel de ses origines socioculturelles, libanaises et musulmanes, et plus exactement de ce qu'il appelait les traditions, précisant que quand il se sentait bien avec les traditions, son homosexualité ne lui faisait plus peur.

Une hypothèse est donc que la scène du fumoir condensait à la fois le tabou des origines rejetées par son père, et l'homosexualité latente dans les sociétés musulmanes traditionnelles où les hommes se démarquent très souvent des femmes, en formant des groupes bien distincts de celles-ci, et occupent les places et les rôles prépondérants.

Dans ce sens, le souvenir du fumoir symbolisait le désir homosexuel latent d'Abdel, en même temps que son arabité, latente elle aussi bien qu'étant niée par son père.
Tout se passait en fait comme si le désir incestueux d'Abdel pour son père était doublement barré par le fait que celui-ci reniait son arabité. D'où le puissant désir chez le jeune garçon de renouer avec la filiation paternelle représentant le père, pour pouvoir accepter son homosexualité.

En tout état de cause, on voit bien dans cette vignette, comment l'histoire à la fois personnelle, familiale et sociale de ce jeune garçon, a déterminé son devenir, le développement de ses modalités d'amour c'est-à-dire d'être en lien avec les autres, comme de ses modalités d'absence d'amour ou désunion, et finalement son orientation homosexuelle.

Tout cela confirme que l'identité psychique d'une personne, sa personnalité, est indissociable de son histoire, et plus encore qu'elle est cette histoire au sens où elle se confond avec elle, car s'explique par elle.

Les identifications et la mémoire historique d'une personne sont en effet les lieux privilégiés de la construction de son identité, autant que de ses modalités d'aimer ou de haïr.
Ces faits psychologiques et les comportements en découlant, sont parfaitement distincts des faits biologiques et de toute causalité de cet ordre.
Enfin on comprendra que la reproductibilité de ces faits n'est pas de mise pour établir les preuves de ce qu'ils révèlent, chaque être humain et chaque histoire individuelle étant unique et non reproductible.

5.2. Sonia

Sonia a 22 ans. Elle vit maritalement avec Gérard, dans un appartement appartenant à sa tante.
Elle a du arrêter ses études à l'âge de 17 ans, alors qu'elle était en classe de Seconde, car elle a eu des problèmes de santé, rendant impossible la fréquentation normale d'un lycée.

Par la suite, Sonia a entrepris à domicile, des études de dessin par correspondance pour devenir illustratrice, car elle est douée de qualités artistiques et d'une sensibilité peu commune.
Ainsi, elle a obtenu des diplômes et a tenté de travailler à distance en free-lance, car elle entretient une vraie passion pour les métiers d'art graphique.

Parallèlement à cela, elle est restée dépendante de sa tante qui lui prête l'appartement où elle vit, et de son ami qui subvient aux dépenses courantes.

Ce mode de vie ne lui pose pas de problème car il fait partie des modèles qu'elle a toujours connus. Sa mère en particulier est femme au foyer, et son père a toujours apporté seul les revenus du ménage, depuis qu'elle est née.

Au fil du temps, son travail lui a permis de rencontrer des jeunes gens ayant la même passion du dessin et de l'illustration, et ambitionnant eux aussi de devenir des professionnels.
Des amitiés se sont construites avec certains d'entre eux, jusqu'au moment où l'une d'elles s'est transformée en flirt, puis en relation adultère, car Sonia vivait toujours avec Gérard.

Cette situation a été une source de joies mais aussi de souffrances pour cette jeune femme.
Ne pouvant se résoudre à quitter l'un ou l'autre de ses amants, elle a décidé de cacher à Gérard l'existence de l'autre relation, pour éviter tout conflit avec lui, et aussi de peur qu'il ne supporte pas la situation.

Elle se retrouvait donc avec un secret, une culpabilité inconsciente liée à ce secret, et aussi un mal-être parce qu'elle dépendait de Gérard pour ses besoins alimentaires, et parce que son indépendance financière lui paraissait inaccessible à court terme en particulier.

Autrement dit, elle se rendait bien compte qu'elle aurait eu besoin de vivre seule mais ne pouvait s'y résoudre étant donnée sa dépendance matérielle et financière vis à vis de son ami, et l'impossibilité de se défaire de ces liens.

Cette situation devint une source de difficultés et d'inconfort, donc d'insatisfaction et de frustration, même si Sonia faisait tout pour n'en rien laisser paraitre, en tâchant de prendre sur elle

Le cas de Sonia, comme beaucoup d'autres, révèle l'importance cruciale pour chacun des partenaires d'un couple, d'être autonome et de le rester, même si cette autonomie peut être remise en question, et l'est souvent pour de nombreuses raisons.

En effet, aucun couple n'est jamais à l'abri de problèmes pouvant survenir, en l'occurrence d'une rencontre venant bouleverser l'équilibre affectif et relationnel acquis, tout cela de manière imprévue et aucunement préméditée.

Il faut savoir notamment, que des adultes normalement équilibrés, peuvent toujours être dupes à un moment donné, de leurs impulsions et de leurs sentiments lorsqu'ils se manifestent, qu'ils aient été ou non sollicités.

C'est particulièrement fréquent chez des jeunes adultes vivant en couple sans avoir beaucoup d'expérience de la vie et des rencontres, si bien que l'arrivée d'une tierce personne peut faire basculer le couple.

En tout état de cause, le désir d'un adulte n'est jamais parfaitement maîtrisé, même quand l'éducation a fait son œuvre, c'est-à-dire quand les règles morales et civiques sont bien intégrées dans la personnalité.
Les émotions et désirs refoulés, en particulier, peuvent toujours faire surface à des moments inopportuns, révélant la division de chaque sujet, entre des motions conscientes et inconscientes, c'est-à-dire entre les instances de sa personnalité.

Pour ces raisons, des erreurs ou égarements sont toujours possibles, a fortiori lorsque le sujet est naïf sur ces questions, et lorsque la jeunesse et l'inexpérience induisent un manque de recul ou une immaturité, par rapport à des évènements survenant de manière inattendue, la plupart du temps.

Tout cela rappelle aussi la nécessaire connaissance du fonctionnement psychique et affectif, qui est l'objet de cet ouvrage, pour comprendre l'amour mais aussi le désir et ses aléas.

En tout état de cause, un grand nombre de couples ayant ce genre de vécu, l'importance que chacun des partenaires demeure libre, c'est-à-dire indépendant et autonome, réapparait souvent, alors même que de nombreuses femmes sont amenées à renoncer à leur indépendance économique et par suite psychique, pour diverses raisons, comme on l'a déjà dit.

Ce genre de problématique conjugale perturbe en effet beaucoup la vie de nombreux couples, quand elle n'est pas franchement délétère pour l'un des partenaires, ou pour les deux.

En outre, quelle que soit la situation, la dépendance d'un des conjoints, qu'il y ait ou non survenue d'une tierce personne, est souvent une cause de problèmes surajoutés, de conflits ou de crises, pouvant être déstructurants, outre le fait qu'ils témoignent en tous cas, d'une structuration fragile de la personnalité.

C'est pourquoi on ne saurait trop recommander à toute personne adulte, de conquérir et de préserver son autonomie via son indépendance financière, quelles que soient les circonstances et dans toute la mesure du possible.

A cet égard, il faut notamment savoir que quand tout va bien, ces questions ne se posent pas, mais que lors de problèmes, elles peuvent devenir essentielles, voire vitales.

En d'autres termes, trivialement, il est capital de rester libre de ses choix de vie en toutes circonstances. Or la dépendance financière - totale ou partielle - d'un des deux conjoints, le prive de cette liberté.

Dès lors, en cas de difficultés importantes, une prise de distance ou une séparation, qu'elle soit temporaire ou définitive, est souvent impossible dans ces conditions, alors qu'elle serait parfois nécessaire, voire salutaire.

Cette privation de liberté devient ainsi une aliénation, fardeau entrainant des souffrances telles que dépressions, troubles somatiques, actes manqués, mais aussi décompensations, etc..

Dans le cas de Sonia, les choses ne se sont pas trop mal passées parce qu'elle aimait toujours Gérard malgré tout.

Cependant dans d'autres cas, des conjoints en arrivent à ne plus pouvoir supporter l'autre, tout en devant malgré tout cohabiter, quelles que soient les raisons de la mésentente.

Ces cas extrêmes sont plus fréquents qu'on le pense, et face aux souffrances découlant de ces situations, on comprend pourquoi des revendications comme celle d'un revenu de base minimum pour chacun(e), sont légitimes et motivées, d'autant plus qu'elles satisfont les droits humains fondamentaux.

En d'autres termes encore, toute dépendance financière excessive vis-à-vis d'un tiers peut devenir délétère, dès lors qu'elle n'est pas ou plus librement consentie, qu'il s'agisse d'un proche ou d'un employeur, notamment.

Dans ces circonstances, la relation est déséquilibrée et la personne ayant la capacité financière détient d'un pouvoir excessif, de sorte que pour cette raison nécessairement connue par elle, il n'est pas rare qu'elle en mésuse.

C'est pourquoi dans l'idéal, il faudrait rendre impossible ce genre de situation en assurant à chacun(e) un revenu minimum, quoi qu'il arrive.

On voit bien ici pourquoi la psychologie individuelle est intimement liée aux conditions sociales d'existence, et notamment aux politiques décidant des revenus, aides et subventions auxquels une personne peut prétendre ou non.

Du même coup, on comprend pourquoi il est erroné de faire d'une personne la seule cause, source ou origine, de tout ce qui lui arrive.

Il est essentiel, au contraire, de comprendre un individu en fonction de son contexte familial et social notamment, comme nous nous efforçons de le faire ici.

De même, il est incongru de soutenir que tous les problèmes individuels ont forcément des solutions qu'il s'agit seulement de découvrir.

La toute puissance des idées n'est en effet pas de mise dans de nombreuses situations bien concrètes et réelles, empêchant ou interdisant certaines issues ou solutions.

Autrement dit, il y a des problèmes sans solution, que cela plaise ou non aux charlatans et marchands de bonheur, en particulier.

5.3. Edouard

Edouard a 35 ans, Il est le fils unique d'une famille très bourgeoise.
Son père est un haut fonctionnaire et sa mère qui était femme au foyer, s'est suicidée par pendaison quand il était adolescent, sans qu'il ne sache rien des raisons de ce passage à l'acte.

Lui-même souffre depuis l'âge de 14 ou 15 ans, d'une dipsomanie l'ayant amené à abandonner ses études sans avoir décroché le baccalauréat.

C'est banalement qu'il est devenu alcoolique, quand pendant des vacances à la campagne, ses parents l'envoyaient chercher du lait dans une ferme. En effet, dans cette ferme, il se procurait aussi du vin qu'il buvait en cachette sur le chemin du retour, jusqu'à se rendre ivre, et sans se rendre compte qu'il prenait une habitude dont il ne pourrait plus se défaire par la suite, et qui deviendrait la cause de sa déchéance physique et mentale.

Au fil du temps, en effet, ce problème d'alcoolisme est devenu chronique et s'est accompagné de troubles des comportements, se traduisant notamment par de l'aboulie et par le décrochage scolaire en fin d'année de première.

Grâce au réseau familial, il a néanmoins pu par la suite accéder à un poste intéressant dans une administration, tout en étant suivi par un psychiatre, et en prenant un traitement anxiolytique, pour l'aider à lutter contre sa pathologie.

Lors de ses accès de dipsomanie, survenant une fois par mois environ, il s'est mis à fréquenter des prostituées, des bars et des clubs échangistes, bref, à mener la grande vie comme il le disait sur un ton faussement enjoué, en dépensant des sommes considérables et se mettant en danger au volant de sa voiture, avec un taux d'alcoolémie élevé, lors de retours de soirées se transformant souvent en nuits blanches.

Tout cela a duré plusieurs années, jusqu'au jour où s'étant fait retiré son permis de conduire, après avoir provoqué un accident sous emprise d'alcool, son épouse n'a plus supporté la situation, s'est séparée de lui et a entamé une procédure de divorce, en assumant seule la garde de leur fils, âgé de 5 ans à l'époque.

Depuis cette séparation, Edouard a alterné les périodes de travail et les hospitalisations.
La destruction de son couple l'a rendu dépressif, rajoutant un problème à ceux existants.
Il a effectué une cure de désintoxication, qui n'a pas donné les résultats escomptés.
De même, il a fréquenté des groupes d'alcooliques anonymes où il a trouvé un certain réconfort, sans pouvoir toutefois devenir abstinent comme c'est exigé dans ces groupes.

Sur le plan sentimental, il a rencontré une jeune femme prénommée Sophie, à qui il n'a pas révélé ses déboires et ses frasques rapidement. Elle même n'a rien compris durant les premiers temps de la relation, car entre deux crises, Edouard avait une bonne présentation et était plutôt rassurant.

De plus, comme il était toujours épris de son épouse malgré la séparation, et incapable de construire une relation épanouissante en raison de ses difficultés, il voyait cette jeune femme épisodiquement et maintenait une distance, pour ne pas avoir à dévoiler les zones obscures de sa personnalité et surtout l'incapacité venant d'être évoquée.

Tout cela n'empêcha pas qu'au bout d'un certain temps, il finit par tout avouer à Sophie, d'autant plus facilement qu'il n'était pas amoureux et la voyait plutôt comme une amie et confidente. La jeune femme apprit ainsi l'alcoolisme et les pratiques sexuelles hors norme de son ami.

Malgré cela, elle eut le plus grand mal à prendre ses distances car elle se sentait attachée à Edouard, qui possédait malgré tout des grandes qualités de cœur et d'esprit, et parce qu'elle avait des affinités avec lui, en raison de sa propre histoire familiale.

Edouard lui rappelait en effet un frère qu'elle avait perdu dans des circonstances tragiques, dont elle n'a jamais vraiment fait le deuil, et avec qui elle était très complice pendant son enfance et son adolescence.
Ainsi, l'attachement à Edouard relevait en partie d'une blessure non guérie, qu'elle cherchait toujours à soigner, très longtemps plus tard.

Pour ces raisons, entre autres, Edouard réussit à l'entraîner dans des clubs échangistes, pour lui faire connaitre ce milieu et ne pas mourir idiote, disait-il, avec le sourire faussement enjoué d'une personne prise à son propre piège, comme c'est le cas dans de nombreuses addictions.

Sophie découvrit donc les boites fréquentées par Edouard, ce qui satisfit sa curiosité, tout en lui confirmant qu'elle ne serait jamais une habituée, car la sexualité pratiquée dans ces lieux était aux antipodes de l'amour romantique qu'elle voulait vivre.
Ses convictions furent néanmoins remises en questions, ébranlées par ces modèles de satisfaction dans lesquels les

aspects pulsionnels de la sexualité sont poussés à leur paroxysme, de même que la satisfaction immédiate de nombreux fantasmes.

Tout cela étant, au delà de l'excitation intense, ces expériences introduisirent un trouble en elle, car l'absence de limites et la suppression des censures, de même que la libération des fantasmes, finirent par contaminer ses relations avec d'autres personnes, dans d'autres circonstances.

Ainsi, il lui arrivait d'avoir des fantasmes sexuels intempestifs en présence de collègues ou collaborateurs, ceci rendant confus ses échanges avec eux et la faisant culpabiliser pour cette raison. En outre, il lui fallut ensuite beaucoup de temps, pour parvenir à maitriser le jaillissement inopportun d'un désir ou d'un fantasme, dans certaines circonstances.

Tous ces faits l'obligèrent à faire un travail sur elle-même, pour comprendre les tenants et aboutissants des troubles ressentis, et finalement les résoudre, après avoir changé radicalement ses fréquentations.

Quoi qu'il en soit, l'histoire avec Edouard se termina le plus banalement du monde. Le jeune homme ayant été amené à déménager après avoir perdu son emploi et vendu son appartement, ils n'ont plus pu se voir.
Sophie fut à la fois peinée et soulagée de cette séparation, car elle avait fini par comprendre qu'Edouard ne s'attacherait jamais à elle comme elle en avait rêvé au départ, car il n'était pas dans un état physique et mental propice pour cela.

Elle avait aussi compris que ce jeune homme pour qui elle avait craqué trop vite, ne lui correspondait pas parce qu'elle ne faisait pas partie de même milieu social, et qu'il en faisait un problème.

En effet, Edouard était de ces personnes pour qui avoir son 80 ou son 120 m2 faisait partie des codes pour pouvoir matcher, comme les gens snobs disent parfois dans leur jargon branché. Ce matérialisme et ce conformisme étaient totalement opposés l'idéalisme de Sophie, qui elle était plutôt bohême et romantique.

Au final, il fallut beaucoup de temps à Sophie et beaucoup de souffrances, pour comprendre qu'Edouard et elle ne pourraient jamais rien construire ensemble, malgré l'enthousiasme et les projections des débuts de la relation, parce que ce garçon était trop différent d'elle, malgré ses côtés attirants et sa pseudo-gentillesse, qui cachaient en fait une mentalité égocentrique, voire une perversion narcissique renforcée par un repliement sur soi, en rapport avec les problèmes évoqués.

Cette histoire montre notamment l'importance de bien connaitre l'autre avant de s'engager dans une relation sentimentale pouvant demeurer une simple aventure ou un échec, sans parler d'autres complications indépendantes de la volonté des partenaires, comme on vient de le voir pour Sophie.

En effet, il est fréquent que l'un ou l'autre tombe dans le piège où se laissant entrainer dans la séduction, par manque affectif le plus souvent, il (elle) découvre ensuite que la personne rencontrée n'a pratiquement rien à voir avec la personne imaginée au début de la relation, c'est-à-dire avec la personne recherchée ou souhaitée.

La phase de séduction est ainsi redoutable d'une certaine manière, car elle peut déboucher sur un fiasco total, après avoir laissé croire en la réalisation possible de désirs et de rêves, tandis que la suite de l'histoire est constituée de souffrances et de déceptions.

C'est pourquoi il est très important de le savoir.

5.4. Geneviève

Geneviève a 25 ans. Elle travaille comme attachée dans un ministère.
Elle a perdu sa mère quand elle avait 15 ans, dans des conditions dramatiques, du fait d'une longue maladie dont elle n'a pas réchappé, malgré tous les espoirs, les efforts et le courage de sa fille.

Geneviève avait une relation particulièrement fusionnelle avec sa mère. Depuis son plus jeune âge, il y avait une grande complicité entre elles.
Pour cette même raison sans doute, Geneviève avait senti très tôt des difficultés entre ses parents, et depuis cela, ne manquait pas une occasion de manifester son soutien à sa mère, qu'elle aimait beaucoup plus que son père.

Elle avait ainsi pris parti et établi une alliance indéfectible, car elle sentait que sa mère souffrait beaucoup, même si elle n'en disait rien.

Il arrive ainsi que des enfants jouent le rôle de thérapeutes d'un parent souffrant, car naturellement, beaucoup d'eux réagissent par un regain d'amour et d'affection, véritablement bienfaisant, voire salvateur, pour ce parent.
Un enfant est en fait souvent une puissante raison de vivre pour ses parents, au point que de beaucoup sont prêts à tout

pour leurs enfants, jusqu'à soulever des montagnes pour employer cette expression.

Dans le cas présent, Geneviève avait compris la dureté et la rigidité psychique de son père, son manque d'amour lié à sa propre histoire, qui faisait souffrir aussi bien sa femme que ses enfants.
Elle avait saisi que cette dureté était une transmission venant de ses grands parents paternels, qui eux-mêmes, n'avaient jamais été affectueux et aimants pour leur fils.

C'est une règle en effet qu'on ne peut pas donner de l'amour si on n'en a pas soi-même reçu, et dans le cas du père de Geneviève, c'était patent d'après les éléments connus de l'histoire familiale.

C'est pourquoi elle s'était naturellement rapprochée de sa mère, comme pour réparer ou combler le manque en question, et n'hésitait pas à critiquer son père, pour la défendre autant que de besoin, même si par ailleurs, elle avait malgré tout de l'affection pour lui.

Cette opposition à son père, avait introduit un clivage entre eux, de sorte que des années plus tard, elle lui en voulait toujours de ne pas s'être occupé de sa mère comme il aurait du, et de s'être remarié trop tôt, en particulier.
Pour ces raisons, elle avait toujours refusé de rencontrer son amie, devenue ensuite sa nouvelle épouse, celle-ci jouant bien malgré elle le rôle d'une intruse, dans le drame familial en question.

Elle en voulait d'autant plus à son père, que sa mère avait arrêté sa carrière pour cet homme, à partir du moment où elle s'était mariée avec lui, ceci parce que ni lui ni ses parents ne souhaitaient qu'elle travaille, considérant qu'une femme se doit à son mari et à ses enfants, essentiellement.

La mère de Geneviève, qui était une femme bien éduquée et cultivée, mais aussi douce et docile par ailleurs, avait donc cédé aux pressions familiales et conjugales, en pensant bien faire, mais le résultat fut qu'elle se retrouva prisonnière d'une relation et plus encore d'une famille où elle devait juste tenir le rôle attendu d'elle, et rien d'autre.

On voit ici comment des rapports de force et de pouvoir peuvent venir se substituer à des rapports affectifs, ou tout au moins devenir prépondérants, au point que les sentiments sont mis à mal, voire détruits par ces rapports.

Geneviève a ainsi été témoin pendant toute son enfance, de la domination paternelle et familiale s'exerçant sur sa mère, qui selon elle, a été victime d'une déconsidération et d'un repliement sur soi s'en suivant, par rapport à ce qui aurait pu être une carrière, c'est-à-dire à la fois une source d'accomplissement, d'indépendance et de liberté, si elle n'avait pas arrêté de travailler.

Cette histoire avait eu un tel impact sur Geneviève, qu'elle exerçait le même métier que sa mère, comme si elle avait repris le flambeau, à la lumière de ce qu'elle avait appris et compris de la vie, et surtout du fait d'une identification positive très forte avec sa mère, comme on l'aura compris.

Tout cela étant, comme elle avait reçu une éducation traditionnelle, Geneviève n'était encore jamais sortie avec un garçon, à l'âge de 25 ans, et doutait beaucoup de ses capacités dans ce domaine, d'autant plus qu'elle était d'une grande timidité.

Tout se passait donc comme si elle avait également hérité du manque d'assurance de sa mère, en contrepartie d'une grande sensibilité et d'une non moins grande douceur.

Le fait est que ces qualités ont souvent pour pendant l'hésitation et le doute, toutes choses ne permettant pas de trancher et d'avancer vite, ces personnes ayant besoin de beaucoup de réflexion et de temps, avant de s'affirmer et de donner la pleine mesure d'elles-mêmes.

En d'autres termes, ce qui d'un côté, apparait comme des qualités, représente souvent des défauts d'un autre côté ou dans d'autres circonstances, d'où la justesse de l'expression disant qu'on a les défauts de ses qualités et les qualités de ses défauts.

Ainsi, dans le cas de Geneviève, il fallut tout un travail d'analyse et de réflexion, pour qu'elle intègre le fait que son histoire et son manque d'expérience, ne préjugeait ni de son présent, ni de son futur proche ou lointain, et que par conséquent, elle ne devait pas se sentir moins capable ou moins forte qu'une autre, pour autant.

Dans le même sens, il lui fallait savoir qu'elle n'était pas seule dans ce cas et que par conséquent, elle ne devait pas voir ses difficultés comme un problème insurmontable ou comme un handicap, mais plutôt comme une situation assez fréquente et banale, à propos de quoi il n'y avait pas lieu de se formaliser ou de s'inquiéter, mais sur quoi il s'agissait seulement de travailler jusqu'à ce qu'elle soit résolue, le cas échéant.

Autrement dit, il était important, dans un premier temps, qu'elle se sente capable de parvenir à transformer ce problème en un non-problème, afin de ne pas en faire un obstacle, de se rassurer et de rassurer son futur partenaire, en se montrant sereine sur ces questions.

Tout cela étant, elle comprit parfaitement et parvint à atteindre ces objectifs relativement vite étant données son intelligence, son intuition et sa sagesse, fonctionnant parfaitement dans le bon sens.

C'est pourquoi elle ne tarda pas à faire une première expérience, c'est-à-dire à rencontrer une personne avec qui elle est toujours.

Le cas de Geneviève illustre bien les processus d'identification dont nous avons parlé dans les précédentes pages de cet ouvrage, les transmissions de modèles s'opérant, et les liens se construisant, à partir de l'histoire personnelle de chacun.

Tout le monde l'admet en général, mais n'en est souvent pas assez conscient ou informé, pour percevoir l'importance des faits relatifs à cette histoire, et de leurs traces pour ainsi dire, dans les comportements et le vécu de chacun(e).

Autrement dit, beaucoup savent tout cela sans forcément voir les liens entre le présent et le passé, c'est-à-dire sans bien voir les rapports entre les divers éléments de leur histoire.

Le travail de mise en liaison des faits présents et passés, représente néanmoins une partie importante des tâches permettant à chacun(e) de se comprendre soi-même, et de se libérer d'entraves ou de démons, provenant du passé.

Une insuffisante compréhension de soi comme être historicisé, est d'autant plus fréquente que la psychologie est fortement concurrencée par la biologie, dans l'explication des comportements pathologiques, et que certaines défenses s'accommodent fort bien de certains dénis.

Il est malgré tout important de perpétuer les savoirs et les traditions représentatifs de notre humanité, bien plus que tous autres.

5.5. Milou

Milou est directeur adjoint d'une grande administration. La cinquantaine alerte, père de trois grands enfants, il est divorcé depuis plusieurs années en raison de faits d'adultère.

Plus précisément, Milou a toujours trompé sa femme pendant leur mariage qui a duré quinze ans, tout en le lui cachant, jusqu'au jour où les doutes et les suspicions s'étant accumulés, il n'a pu faire autrement que de tout avouer à son épouse, et par la suite d'accepter le divorce qu'elle avait demandé.

En fait, Milou n'a jamais pu se passer d'avoir jusqu'à cinq ou six relations simultanément, avec des femmes jeunes et jolies la plupart du temps, leur niveau culturel et intellectuel n'étant pas un souci en revanche.

Pour lui, ces fréquentations sont un passe-temps et une source de satisfactions, un amusement comme un autre pourrait-on dire, mais aussi une compulsion dont il n'a jamais réussi à se débarrasser, jusqu'au jour où une amie lui a conseillé de consulter parce qu'il avait perdu beaucoup d'enthousiasme et de goût à la vie, d'après ses observations.

Depuis son divorce, il avait continué à mener de front plusieurs relations sans rien dire à aucune des femmes qu'il fréquentait, sur cette polygamie.

Le motif avancé de l'espacement des entrevues et de sa moindre disponibilité, était invariablement son travail.

Il lui arrivait cependant de dépanner l'une ou l'autre de ses amies financièrement, car il avait bon cœur, paradoxalement.

L'innocence et la candeur non simulées avec lesquelles il parlait de ses amies, laissaient aussi penser qu'il avait vraiment de l'amitié pour elles et ne se rendait pas compte de l'étendue des méfaits que des révélations auraient pu engendrer.

Son histoire faisait apparaitre qu'il avait souffert dans son adolescence, de ce qu'il appelait une laideur physique, rendant par avance toute envie ou tentative de séduction, impossible.
En fait, cette laideur perçue était surtout due à une grande timidité et à une faible estime de soi, ayant duré jusqu'à l'âge adulte, après quoi il s'est dégourdi et épanoui, selon ses propres termes, jusqu'à réussir ses premières conquêtes.

Sa compulsion s'est installée à partir de là, comme s'il s'agissait d'un comportement réactionnel, ayant pour but de se prouver qu'il pouvait conquérir qui il voulait, et surtout autant de femmes qu'il le voulait.
C'était aussi une sorte de jeu lui permettant d'explorer la gent féminine et la sexualité.

Tout se passait donc comme s'il avait fait une fixation sur sa sexualité frustrée d'adolescent, et comme si toutes ces expériences devaient compenser les échecs passés, dans une attitude un peu naïve et infantile.

Il avait découvert notamment, à son grand étonnement, que le plaisir qu'il prenait dans les relations sexuelles, était inversement proportionnel aux sentiments qu'il portait à sa partenaire.

On voyait ainsi que cet homme, bien que très intelligent et sympathique par ailleurs, était sur ce plan-là, clairement pervers, au sens où son plaisir était dissocié des ses sentiments, et en était resté (ou avait régressé) à des modes infantiles et archaïques de satisfaction.

Tout se passait en effet comme si ses objets sexuels étaient des jouets interchangeables, son désir étant la seule règle aboutissant à une recherche permanente de satisfactions immédiates, qui pourtant finissait par le décevoir également, sans doute parce qu'il ne percevait pas que le désir n'a pas vocation à être satisfait, mais que seules ses demandes pouvaient l'être.

Il était donc victime d'illusions ou de méprises le poussant à chercher un état de satisfaction totale, n'existant que dans son imagination.

Quoi qu'il en soit, au risque de choquer un peu les âmes sensibles, ce genre de personne existe et constitue une bonne partie de la clientèle des clubs échangistes et autres boites de nuit, comme les cabarets, etc... C'est à savoir.

Malgré tout, il avait noué une relation plus importante que les autres avec une jeune femme, qui voulait se marier avec lui. Ceci expliquait en partie son désarroi, car bien que tenant à elle, il ne souhaitait pas s'engager mais ne voulait pas non plus rompre.

Bref, il s'était emberlificoté dans des contradictions dont il ne voyait pas l'issue, ce qui ajoutait à sa déprime d'avoir dépassé la cinquantaine, et de ne plus être capable des mêmes performances sexuelles.

Pour toutes ces raisons, il avait accepté de consulter pour tenter de voir plus clair en lui-même et de ne pas faire souffrir sa principale amie, comme ça avait été le cas pour sa femme pendant son mariage et à l'époque de leur divorce.

Parallèlement à tout cela, il avait une relation amicale avec une de ses anciennes partenaires ou maîtresses, qui était devenue une associée dans des affaires, et était demeurée amoureuse de lui.

Cette quinquagénaire d'origine africaine, était la seule femme connaissant ses relations multiples, chose qu'elle acceptait sans que cela entrave en aucune manière son estime et ses sentiments, ainsi que son désir qu'il revienne vers elle un jour.

Elle était prête à tout pour cela et ne manquait pas une occasion de lui tendre des pièges dans lesquels il se laissait parfois prendre tout en sachant bien que cette dame ne ferait plus jamais vraiment partie des objets de son désir.

L'histoire de Milou illustre bien à quel point la vie sentimentale et sexuelle d'un homme peut être complexe, atypique et anormale, malgré des apparences personnelles extérieures conventionnelles et attrayantes, voire idéales.

C'est pourquoi toute femme voulant se protéger d'éventuelles déceptions, pouvant être cuisantes autant qu'inattendues, ne peut que se ranger à l'idée de commencer par bien connaitre le futur partenaire éventuel qu'elle rencontre, même si ce vœu peut être difficile à réaliser en pratique, comme le reconnaissent beaucoup d'entre elles.
L'inverse est bien entendu vrai aussi pour les hommes.
Autrement dit, concernant le genre d'homme représenté par Milou, rien n'est plus illusoire et piégeant pour une femme que la séduction de départ grâce à laquelle il y a conquête et ce qui s'en suit.
En effet, les apparences et le statut social ne sont en rien une garantie de moralité, ou plus exactement de normalité, comme on le voit bien dans ce cas.
Précisons que le but n'est pas de condamner cet homme, en partie victime de son histoire, de son éducation et de sa

réussite sociale, même s'il est responsable, par ailleurs, de ses comportements.

Le travail effectué a surtout consisté à l'aider à mieux comprendre ce qui se passait en lui-même, en apportant un avis extérieur et éclairé sur ses comportements, qui au demeurant le culpabilisaient par moments, sans qu'il puisse prendre le contrôle de la situation.

Du fait d'habitudes anciennes ayant engendré des schémas mentaux en partie inconscients, et surtout des résistances au changement du fait des bénéfices secondaires apportés par des modalités relationnelles qu'il savait pourtant inadaptées, Milou était comme pris à son propre piège, pour ainsi dire, tout en voulant en finir avec ce piège.

En tout état de cause, on voit bien dans cette histoire que l'habit ne fait pas le moine, si l'on peut dire, et que les déterminations de l'histoire personnelle sont bien ce qui forge la personnalité d'un individu, dans sa structuration affective notamment, tout cela indépendamment de sa constitution biologique, à proprement parler.

On peut en effet affirmer sans grand risque qu'aucune donnée biologique n'est de nature à expliquer l'histoire d'une personne mieux que son histoire et sa psychologie, précisément.

5.6. Linh

Linh est une jeune femme d'origine vietnamienne d'une trentaine d'années. Venue en France à l'âge de 9 ans, elle a du apprendre le Français en accéléré, et faire une scolarité spéciale avant de s'inscrire dans une école de commerce, selon ses souhaits.

Issue d'un milieu familial favorisé - son père est chirurgien - elle a eu des facilités pour faire de longues études et devenir diplômée de l'enseignement supérieur, mais cela n'empêche pas qu'elle est confrontée à la crise économique, et connait les incertitudes et angoisses du chômage, comme de nombreux jeunes gens.

Depuis qu'elle a fini ses études, elle travaille dans le marketing mais a du mal à trouver une place qui lui convient.
Plusieurs expériences dans des startups n'ont pas été concluantes. Elle a eu de manière récurrente, le sentiment de se faire exploiter et de ne pas réussir à trouver ou à faire sa place, comme le dit l'expression consacrée.
Beaucoup de ces sociétés rencontrent en effet des difficultés financières, ne permettant pas aux associés et salariés d'avoir des revenus corrects. En outre, les rapports hommes-femmes sont souvent complexes, empêchant celles-ci d'occuper les places et de jouer les rôles qu'elles mériteraient ou pourraient occuper, bien souvent.
C'est pourquoi après plusieurs tentatives infructueuses, dont notamment un projet de créer sa propre entreprise, Linh en est revenue à la recherche d'un poste en CDI.

Inscrite dans des agences d'intérim, elle alterne des périodes d'activité et des périodes sans mission, ce qui retentit sur sa vie privée, car elle est insécurisée et inquiète, comme beaucoup de personnes dans cette situation, qui tentent de trouver un CDI en faisant de l'intérim.

La crainte de ne jamais recevoir de proposition de travail à long terme, de ne pas retrouver de mission à chaque fois qu'une s'arrête, ou de ne pas être appelée assez rapidement par une des agences où elle est inscrite, est une obsession qui la met sous tension, lui fait perdre la gaité et l'insouciance de la jeunesse, et finalement la rend en permanence un peu crispée et anxieuse.

Elle a beau avoir des amis qui la rassurent, et savoir qu'il faut prendre les choses du bon côté - positivement pour employer un terme à la mode - cette situation l'insécurise et la fragilise à la longue, en lui faisant douter de la vie et d'elle-même tout à la fois.
En outre, comme elle ne veut pas inquiéter ses parents, elle se retrouve seule à assumer cette situation, sans beaucoup d'espoir d'un avenir meilleur, ce qui assombrit encore un peu plus son humeur.

L'impression d'être dans un tunnel sans fin, est fréquente chez des personnes se sentant prises au piège de situations anxiogènes qu'elles n'ont pas choisies, et qu'elles doivent malgré tout gérer au mieux ou au moins mal.

Quand en plus des incertitudes, s'ajoutent des problèmes financiers, parce que les deux bouts sont difficiles à joindre et qu'il est impossible de s'accorder des compensations en se faisant plaisir, la vie peut prendre des tournures de galère, de manière intermittente ou permanente.

En outre, à des conditions de frustrations personnelles importantes, correspondent souvent le désamour ou désintérêt pour autrui, jusqu'au point parfois où rien ne parait plus valoir la peine de rien, le désespoir s'installant progressivement et inexorablement.

Le dégoût de la vie causé par l'absence de plaisirs et de satisfactions suffisantes, peut engendrer un désinvestissement de soi, corrélatif d'un désinvestissement de l'autre, car pour pouvoir aimer l'autre, il est nécessaire d'aimer la vie et de s'aimer soi-même, ceci supposant d'obtenir des satisfactions dans les domaines importants.

Cette boucle rétroactive montre comment le soi et l'autre sont intimement liés, malgré leur séparation apparente ou physique.

Autrement dit, en l'absence de solution stable et durable aux besoins vitaux de revenus et de sécurité, et après plusieurs échecs la plupart du temps, le désespoir peut faire place à un vide affectif, voire à la haine de ce qui résiste, à savoir la réalité extérieure, puis des autres et de soi corrélativement, du fait de l'incapacité ressentie, à faire face dans des conditions favorables.

Sans en arriver là, Linh est malgré tout en souffrance et dans un état limite, pendant chaque période d'inactivité où elle éprouve répétitivement la précarité de sa situation et l'incertitude de son avenir.

Par ailleurs, un malheur n'arrivant jamais seul, elle est célibataire et a du mal également à trouver un petit ami.
Comme de nombreuses personnes, elle s'est inscrite sur des sites de rencontre car c'est un moyen commode de rechercher l'âme soeur, même si ce n'est pas une panacée.

Les avantages de ces systèmes sont en effet contrebalancés par des inconvénients comme un taux d'échec important, lié à la volatilité des contacts, à la difficulté de bien choisir le partenaire avec qui tenter une rencontre, et enfin à l'insuffisante information de nombreuses personnes au sujet de l'amour et des relations humaines, comme on le constate souvent.

En effet, beaucoup ont des préjugés et des croyances fausses, compromettant ou rendant impossible une relation pérenne, comme notamment la recherche d'un(e) partenaire idéal qui n'existe pas, ou d'un amour totalement satisfaisant n'ayant pas plus de réalité.

Les choses sont d'autant plus complexes que tout en affirmant ne pas être dans ce cas, certaines personnes ont des exigences ou attentes, incompatibles avec cette affirmation. Autrement dit des motifs inconscients viennent souvent supplanter les intentions conscientes, sans que le sujet s'en rende compte, d'où des oppositions et contradictions parfois difficilement repérables.

En fait, contrairement aux exigences requises, les rationalisations dans ce domaine sont légion. C'est pourquoi tout en admettant que le couple, c'est aussi et peut-être surtout, l'école de la tolérance, de l'acceptation des différences et du respect de l'autre, beaucoup de partenaires n'en ont pas moins des comportements contrevenant parfois grandement à ces principes.

Quoi qu'il en soit, la mise au jour d'oppositions et de contradictions fait régulièrement apparaitre plusieurs niveaux de réalité, dont le sujet peut prendre conscience pour voir plus clair en lui-même, et ensuite modifier ce qui est modifiable, éventuellement, sachant que rien n'est jamais gagné ou perdu d'avance, mais seulement que les combats qu'on perd sont toujours ceux qu'on ne mène pas, dans ce domaine particulièrement.

Linh s'est ainsi trouvée confrontée à plusieurs jeunes hommes manquant de maturité, du point de vue venant d'être énoncé, c'est-à-dire à des candidats tournant casaque devant le moindre obstacle, principalement.
C'est le cas de nombreuses personnes raisonnant en tout ou rien, et se trouvant désarmées face aux difficultés, pour cette raison.
C'est aussi le résultat de l'individualisme ambiant, de l'évolution des rapports hommes-femmes et du célibat, dont on a longuement parlé.

En tout état de cause, Linh a ensuite rencontré un jeune homme avec qui elle a longtemps pensé qu'elle pourrait construire un avenir, mais ce garçon a arrêté la relation au bout de huit mois environ, en invoquant brusquement le fait qu'il ne se sentait pas amoureux, ce qui a complètement bouleversé Linh.

Voulant trop être rassurée, elle n'avait probablement pas pu le rassurer, et de surcroit, elle ne voyait pas bien le lien entre sa situation professionnelle et sa situation personnelle, tel qu'il est évoqué ici, car c'était sans doute insupportable pour sa conscience.
Vue de l'extérieur, il y avait pourtant une chaine de causes à effets évidente, allant du monde professionnel social de Linh, à son monde psychologique personnel intime.

En d'autres termes, vue de l'extérieur, il était évident que sa situation précaire et ses états d'humeur morose ou anxieuse, avaient sans doute joué un rôle dans l'absence d'amour de son compagnon ou dans son désamour, et dans la séparation en question, même et surtout si les choses n'avaient pas pu être clairement exprimées.

On retrouve ici l'idée que l'essentiel est souvent dans le non-dit, c'est-à-dire dans le refoulé ou l'inconscient.
En outre, durant toute cette période, Linh n'a sans doute pas compris qu'elle avait affaire à un garçon, pour qui le fait de sortir ensemble ou d'être des petits amis, n'impliquait en rien que leur histoire aboutisse à un engagement, même après une longue période passée ensemble et même si des sentiments existaient malgré tout chez le jeune homme en question.

La difficulté de comprendre qu'avoir une expérience ou un vécu commun n'implique en rien d'avoir des valeurs ou visions communes, et de faire des projets, est fréquente chez les personnes en souffrance d'amour ou d'amitié déçue.

Les déceptions sont en effet souvent proportionnelles aux illusions concernant l'importance des différences interindividuelles existant entre les personnes, ces différences ne disparaissant pas du fait des sentiments.

En d'autres termes, l'amitié et l'amour étant basés sur des mouvements d'identification à l'être aimé et d'idéalisation de celui-ci, cela masque parfois que l'autre n'en demeure pas moins autre, et qu'il y a parfois un prix à payer pour rendre les différences supportables, ou seulement vivables, à supposer que cela soit possible.

C'est un problème fréquent, notamment, que les femmes s'attachent la plupart du temps plus vite et plus facilement que les hommes à leur partenaire, sans doute parce que culturellement et socialement, elles y sont plus prédisposées.

La tendresse, l'affection et l'attachement sont en effet des valeurs plus importantes pour les femmes que pour les hommes en général, chez qui d'autres valeurs prédominent, comme la force, le courage et l'indépendance, notamment.

Ainsi, les stéréotypes féminins et masculins sont souvent en cause dans les différends conjugaux, sans que les partenaires en soient toujours conscients.

Il faut ajouter qu'une personne n'est jamais aussi fragile que lorsqu'elle est dans un état amoureux, de sorte qu'une déconvenue est souvent une grande souffrance.

Chez les jeunes femmes, en outre, des velléités d'égalité et de symétrie des rôles sont souvent présentes, alors qu'il s'agit plutôt de faire jouer des complémentarités, sans être dupes quant aux prérogatives revendiquées par l'homme, ou lui revenant pour d'autres raisons.

Au risque encore une fois de paraître vieux jeu, les choses se présentent ainsi dans la majorité des couples installés, et il y a tout lieu de penser que c'est une des causes importantes de leur longévité.

Les questions de pouvoir et de maîtrise sont en effet toujours présentes dans les relations, c'est pourquoi l'amour n'est pas le tout, et ne suffit pas. Il faut également un équilibre des rapports de forces ou de pouvoir, supposant en retour des personnalités saines et équilibrées, sans trop de problèmes d'ego ou de pouvoir, en particulier.
Tout cela montre encore l'importance qu'hommes et femmes soient bien informés des réalités et des risques auxquels ils s'exposent, sans en être toujours conscients, que ce soit dans une rencontre ou dans leur recherche d'amour ou d'amitié, en général.

Tous doivent notamment savoir que le risque zéro n'existe pas et que c'est à chacun(e) d'être armé(e) pour qu'une déception ou un échec toujours possible soit surmontable, parce que faisant partie des hypothèses de départ, et n'étant par là ni un cataclysme, ni un accident totalement imprévu ou imprévisible.

Autrement dit, les déceptions et chagrins amoureux étant à la mesure des illusions initiales, il importe de s'en faire le moins possible, et pour cela, d'aborder la relation le plus rationnellement possible.
C'est aussi pourquoi les recettes du bonheur n'ont pas leur place dans une approche réaliste, qui elle, doit tenir compte des erreurs et échecs possibles, mais encore de

l'impossibilité de maîtriser complètement les situations dont on n'est qu'une partie prenante.

Dans l'histoire de Linh, on perçoit l'importance de la causalité sociale au niveau de la vie personnelle et intime d'une personne. Cette réalité extérieure conditionne grandement en effet nos craintes et nos espoirs, nos états d'esprit et nos comportements, nos besoins et nos attentes.
Il est certain que si Linh avait été rassurée sur le plan socioprofessionnel, les évènements de sa vie personnelle et intime auraient pu prendre une toute autre tournure.

Quand les questions de sécurité personnelle et d'avenir ne sont pas réglées, en particulier, pour des raisons de chômage et de crise économique rendant la vie précaire, on ne peut pas s'étonner ou se cacher que cela rejaillit dans les relations privées, comme dans le cas de Linh et de nombreuses autres personnes, plus ou moins condamnées au célibat pour des raisons de cet ordre.
Il semble bien en effet que la multiplication des situations précaires soit un facteur important du célibat, parmi d'autres.

Une personne stressée, angoissée et insécurisée de manière permanente ou récurrente, comme Linh, a d'emblée beaucoup moins de chances de trouver un partenaire avec qui établir une relation solide et durable, qu'une personne qui ne connait pas ce genre de difficultés.

C'est pourquoi il ne s'agit pas de se voiler la face, mais au contraire d'expliciter l'importance de la causalité sociale, autrement dit de la mettre à sa juste place, quitte à ne pas être dans le politiquement correct.

C'est aussi pourquoi on ne peut que se féliciter que le Protocole facultatif relatif aux droits économiques, sociaux et culturels ait été déposé à l'Assemblée Nationale récemment.

En effet, à partir du moment où les droits humains fondamentaux seront justiciables, on peut s'attendre à ce que de nombreuses personnes trouvent des issues à des situations qui sans cela sont souvent invivables.

Au delà des droits fondamentaux à se nourrir, se vêtir, se soigner et se loger dignement, l'enjeu n'est en effet rien de moins que la vie, le droit d'être aimé et d'aimer symbolisant celle-ci au plus haut degré.